MÉTHODE FACILE

POUR L'ENSEIGNEMENT ÉLÉMENTAIRE

DE LA

LECTURE MUSICALE

MÉTHODE FACILE

POUR

L'ENSEIGNEMENT ÉLÉMENTAIRE

DE LA

LECTURE MUSICALE

A L'USAGE

DES CLASSES ÉLÉMENTAIRES DE TOUS LES DEGRÉS

PAR

M. PARENT

Directeur d'École normale, Officier d'Académie.

SEPTIÈME ÉDITION

PARIS

Vᵉ P. LAROUSSE ET Cⁱᵉ, IMPRIMEURS-ÉDITEURS

19, rue Montparnasse, 19

Succursale : rue des Écoles, 58 (Sorbonne).

PRÉFACE

Depuis plus de vingt années que nous enseignons les éléments de la musique, nous avons vu quelles sont les difficultés qu'éprouvent les commençants, et nous avons essayé, dans les nombreux cours dont nous avons été chargé, de classer ces difficultés de manière qu'elles soient facilement vaincues.

Nous n'avons pas la prétention d'avoir fait une nouvelle Méthode de musique; nous n'avons ni inventé de notation nouvelle ni apporté de changement dans les signes adoptés et consacrés par un long usage; notre seul travail consiste à isoler les difficultés. Nous les présentons une à une, afin d'amener les élèves à les surmonter facilement, soit par des procédés déjà connus, soit par d'autres qui nous sont propres. Les élèves, heureux de constater leurs progrès à chaque leçon, s'attachent à l'étude avec ardeur et arrivent facilement et promptement à lire la musique.

Ces exercices ont été mis en pratique par nous, et toujours avec un prompt succès, soit que nous ayons enseigné à des enfants, soit que nous ayons eu des adultes pour élèves. Nous sommes persuadé que les professeurs qui adopteront nos procédés obtiendront d'aussi bons résultats.

Nous n'avons point voulu faire un solfège complet; nos exercices s'adressent surtout aux personnes qui n'ont aucune connaissance musicale. Notre but a été de leur aplanir l'étude des éléments, et de leur faire comprendre et aimer cet art si simple en ses moyens et si fertile en jouissances.

Cependant nous osons prédire aux élèves qui auront suivi nos exercices, qu'arrivés à la fin de ce petit recueil, ils pourront lire et exécuter sans peine leur partie dans les chœurs de moyenne difficulté, s'ils sont orphéonistes; s'ils désirent continuer leurs études musicales, nous pouvons leur assurer qu'ils trouveront peu de difficultés à vaincre dans les solfèges qu'ils adopteront. Tous nos efforts ont été dirigés vers ce but.

Ces exercices sont tout pratiques : nous n'y avons mis que quelques explications indispensables sur les signes employés. Nous ne pensons pas que l'on doive commencer une étude par la théorie; nous ne pensons pas que personne se soit avisé d'enseigner à parler à un enfant en lui expliquant les règles de la grammaire : la mère commence à prononcer quelques mots faciles, et les répète jusqu'à ce que l'enfant parvienne à les balbutier, puis elle lui en donne d'autres plus difficiles. C'est la marche que nous avons suivie. Nous chantons, notre élève répète après nous; les intonations se gravent dans sa mémoire sans qu'il sache qu'il produit des intervalles, pas plus que l'enfant qui vient de dire un mot ne se doute qu'il a prononcé un substantif ou un verbe.

Nous enseignons les noms des notes par un procédé qui, nous est personnel. Ayant remarqué quelle peine les enfants éprouvent à retenir les places des notes sur la portée, et quel dégoût ils prennent de la musique lorsqu'on leur enseigne en une seule leçon toute l'étendue de l'échelle musicale, nous avons essayé de ne donner qu'une seule note à la fois et de faire sur cette seule note : exercice de lecture, exercice de mesure, exercice d'intonation. Nous avons constaté alors le plaisir qu'éprouvent les élèves de savoir quelque chose dès la première leçon : nous continuons ainsi en ajoutant une deuxième note, puis une troisième, etc. Lorsqu'une nouvelle difficulté se présente, soit un signe de silence, soit une valeur de note, point de nouveau nom de note; toute l'attention peut alors se porter sur cette difficulté.

Nous recommandons aux professeurs d'une manière toute spéciale les exercices d'intonation qui doivent être répétés par les élèves : c'est à notre avis le seul moyen d'apprendre à chanter.

Ces exercices ne sont qu'une indication pour le maître, qui devra les varier à l'infini, et leur donner, pour les rendre plus attrayants, un rythme accentué et varié; et nous osons annoncer une grande surprise à ceux qui ne se sont jamais servis de ce moyen : ce sera de ne trouver presque plus de voix fausses au bout de peu de leçons, pourvu qu'ils aient le soin, lorsqu'ils font chanter une masse de voix de différents timbres, de rester dans les sons communs à toutes les voix, par exemple de 

Lorsque les élèves sont plus avancés et classés d'après leurs voix, on doit faire parcourir à chaque groupe séparément toute l'étendue du diapason de sa voix.

Les défauts de prononciation sont souvent un obstacle à la bonne exécution d'un morceau de musique. Quel que soit le talent musical d'un exécutant, si sa prononciation est mauvaise, l'effet produit est désagréable. Dans une masse de chanteurs, une seule voix qui prononce d'une manière défectueuse détruit l'homogénéité de l'ensemble; s'il y en a plusieurs, ou si tous chantent (parlent) chacun à leur façon, il n'y a plus de sonorité, plus d'accord, plus d'harmonie, partant plus de musique.

Pour éviter cet inconvénient, faites répéter en *écho* les paroles des chœurs jusqu'à ce que la prononciation soit la même pour tous les exécutants. Les syllabes sur lesquelles il faut appeler spécialement l'attention des élèves sont les syllabes ouvertes, les *a*, les *é*, les *aire*, les *ait*, les *les*, etc. Faites vocaliser des *ô*, des *â*, jusqu'à ce que tous chantent la bouche ouverte (larynx), et qu'ils prononcent sans nuances différentes; en un mot, qu'ils répètent le son tel que vous l'aurez donné. Fondez les sons, *sombrez* les voix, exagérez même s'il le faut, jusqu'à ce que vous obteniez le même son de tous vos chanteurs. Pour ces exercices, ne restez pas au centre de vos élèves, éloignez-vous et écoutez l'effet produit. Vous remarquerez les syllabes qui font tache dans l'ensemble, et vous en réformerez la prononciation. Vous remarquerez encore le mauvais effet produit par les voix des chanteurs qui, par excès de zèle, veulent dominer leurs émules; tous vos efforts doivent tendre à les faire rentrer dans la masse chorale : une partie, quel que soit le nombre des chanteurs, ne doit donner qu'un seul son; la perfection de l'exécution en dépend. Dans un chœur, il n'y a pas d'individus : il y a un tout, un ensemble, qui est d'autant plus parfait que les individualités disparaissent.

Lorsque chacun *parle* dans un chœur au lieu de chanter, il arrive presque toujours, surtout si le chœur est étendu, que le ton baisse, et cela d'autant plus que ce chœur est parsemé de notes tenues et de notes répétées; l'organe se fatigue et laisse fléchir le son. Ce défaut est capital; car il ne se peut que toutes les parties baissent en même temps et de la même quantité; les accords sont nécessairement faux. Cela arrive bien plus rarement lorsqu'on chante le larynx bien ouvert; qu'on prononce tous pareillement, qu'on respire tous ensemble, et souvent : c'est un autre point très important. Chantez vous-même, marquez les respirations, faites exécuter rigoureusement vos indications, et vous obtiendrez sûrement de bons résultats.

Toute personne sachant chanter une gamme peut enseigner la musique au moyen de nos exercices : les difficultés sont graduées de telle sorte que l'enseignement est rendu très facile.

Pour les personnes qui désirent étudier un instrument, aux difficultés ordinaires se joignent celles qui proviennent de l'embouchure et du doigté de l'instrument. Que de personnes, après avoir fait de la musique dans leur enfance et pendant des années (du piano, par exemple), cessent de s'en occuper plus tard! La cause est facile à donner : ces personnes se dégoûtent d'un art qui leur paraît trop difficile, n'ayant pas été suffisamment exercées à la lecture musicale, elles ne peuvent ni jouer en mesure ni étudier seules; elles n'exécutent qu'à grand'peine les airs qu'on leur a appris.

C'est pour faciliter l'étude plus approfondie de la musique que nous avons cru devoir donner des principes gradués qui conduisent rapidement à une connaissance plus complète de cet art.

Puissent nos efforts contribuer à la généralisation des études musicales et notre but sera atteint.

A la fin du volume on trouve quelques mots sur la *formation* et sur la *génération des gammes majeures* et *des gammes mineures*. La connaissance de ces deux ordres de gammes est la base de la musique.

On y trouve également quelques notions sur l'*harmonie*. Les connaissances harmoniques donnent une idée exacte de l'agencement des parties dans un *chœur*, et elles initient d'une manière plus complète à la distinction des modes.

L'étude des exercices harmoniques de la méthode conduit rapidement à la bonne exécution des chœurs à plusieurs parties.

On nous a reproché plusieurs fois de n'avoir pas intercalé, dans le cours de notre Méthode, des morceaux de chant faciles, à une ou deux voix, comme application des principes étudiés.

Nous n'avons pas cru devoir donner à notre Méthode le caractère d'un recueil de chants. Nous ne pensons pas d'ailleurs que les élèves puissent lire un morceau de musique, même facile, avant d'avoir vu les 32 premières pages de notre opuscule.

Pour exercer d'une manière efficace l'oreille musicale des élèves, le maître pourra faire chanter, par imitation, conjointement avec notre Méthode ou même avant de la commencer, des morceaux de chant tirés soit du recueil de MM. Gross et Delcasso, soit de celui de M. Laurent de Rillé, etc., etc...

Nous terminons la Préface en reproduisant l'appréciation qu'a faite de notre Méthode le jury chargé d'examiner les ouvrages envoyés au Congrès pédagogique tenu à Genève en 1872 :

« La Méthode facile de lecture musicale, par M. Parent, mérite réellement le titre que son auteur lui a donné; les préceptes qu'elle contient sont exprimés d'une manière brève et claire, et les nombreux exercices qui les suivent en rendent l'application facile. »

MÉTHODE FACILE

POUR

L'ENSEIGNEMENT ÉLÉMENTAIRE

DE LA LECTURE MUSICALE.

EXERCICES DE MUSIQUE.

La *musique* est la science des *sons*.

On représente les sons par des signes appelés *notes*.

On place les notes sur une échelle de cinq lignes nommée *portée*.

On ajoute, quand cela est nécessaire, des lignes supplémentaires en haut et en bas.

La forme des notes en fait connaître la durée relative.

Pour mesurer la durée des notes, on exécute avec la main ou avec le pied des mouvements égaux et réguliers appelés *temps*. C'est ce qu'on appelle battre la mesure.

Il y a sept noms pour représenter tous les sons :

DO, RÉ, MI, FA, SOL, LA, SI.

On continue la série en montant et en descendant.

1er Exercice.

Exécutez, en suivant la forme du dessin, la mesure à quatre temps et répétez jusqu'à bonne exécution, en comptant 1, 2, 3, 4.

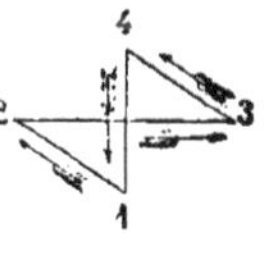

Les premiers exercices doivent être faits lentement.

On indique la mesure à quatre temps en plaçant au commencement du morceau un 4 ou ce signe **C**.

La note suivante s'appelle *ronde* 𝅝; elle dure quatre temps.

2e Exercice.

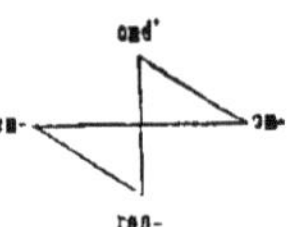

Exécutez en battant la mesure et en répétant plusieurs fois sans interruption et régulièrement, jusqu'à bonne exécution.

3e Exercice.

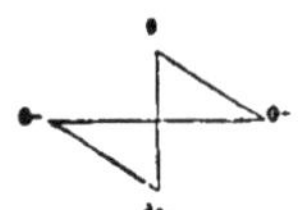

Répétez cet exercice en disant :

CLÉ DE SOL (2e LIGNE).

Le *do* se place sur la 1re ligne supplémentaire au-dessous de la portée.

Exercices d'intonation.

Le maître chante [portée] Les élèves répètent [portée] répéter jusqu'à bonne exécution.

1° Le maître chante chaque exercice, les élèves répètent. — 2° Le maître vocalise, les élèves répètent.

Nota. Ces exercices d'intonation ne sont qu'une indication pour le maître, qui pourra en varier la forme à l'infini ; ils sont d'une grande importance.

La *pause* [portée] représente le silence d'une mesure entière. Ce silence est toujours seul dans une mesure.

Les mesures sont séparées par un trait vertical [barre] appelé *barre de mesure*.

La première mesure d'un morceau ne commence pas toujours par le premier temps. Pour la pause on compte 1, 2, 3, 4.

Exercices mesurés.

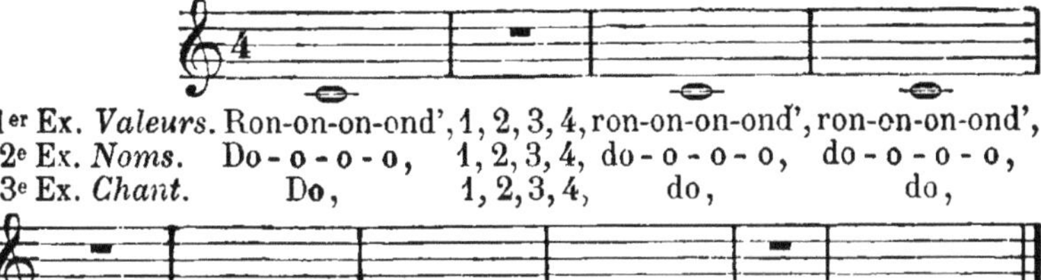

1er Ex. *Valeurs.* Ron-on-on-ond', 1, 2, 3, 4, ron-on-on-ond', ron-on-on-ond',
2e Ex. *Noms.* Do - o - o - o, 1, 2, 3, 4, do - o - o - o, do - o - o - o,
3e Ex. *Chant.* Do, 1, 2, 3, 4, do, do,

1, 2, 3, 4.

Nota. — Répéter chaque exercice jusqu'à bonne exécution; ne passer au deuxième ou troisième que lorsque le précédent est compris et bien exécuté.

La *blanche* 𝅗𝅥 dure deux temps; il y en a deux dans la mesure à quatre temps. La *demi-pause* est le silence équivalent; il n'est jamais seul dans une mesure.

Exécutez 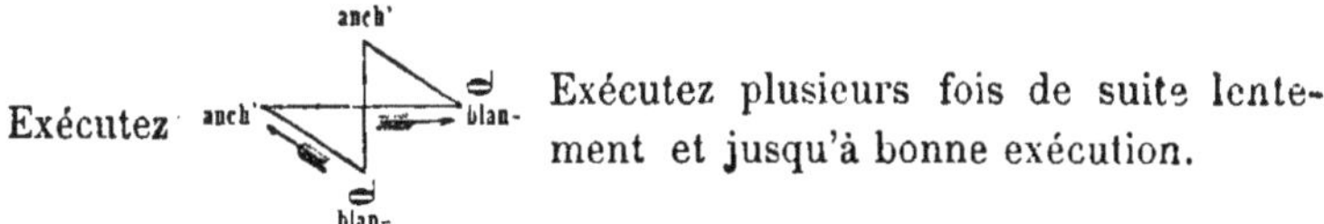

Exécutez plusieurs fois de suite lentement et jusqu'à bonne exécution.

La demi-pause s'écrit ainsi :

Exercices de valeur.

Blan-anch', 1, 2. blan-anch', 1, 2.

Exercices mesurés.

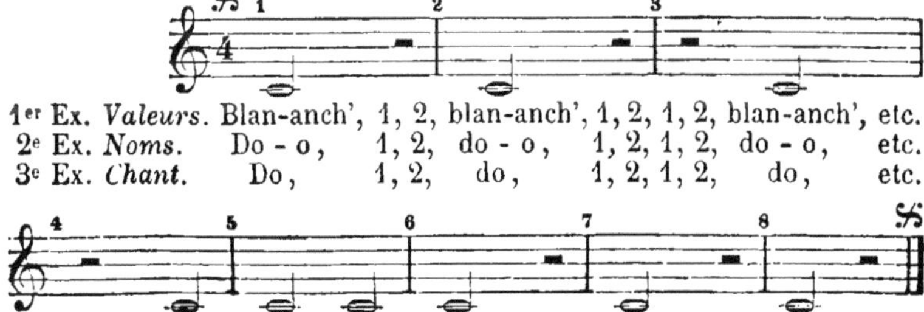

1er Ex. *Valeurs.* Blan-anch', 1, 2, blan-anch', 1, 2, 1, 2, blan-anch', etc.
2e Ex. *Noms.* Do - o, 1, 2, do - o, 1, 2, 1, 2, do - o, etc.
3e Ex. *Chant.* Do, 1, 2, do, 1, 2, 1, 2, do, etc.

Récapitulation.

NOTA. Ces exercices sont très importants ; lorsque l'élève les a bien compris, il apprend facilement les suivants, qui n'en sont pour ainsi dire que la répétition.

Le *ré* se place au-dessous de la première ligne :

OBSERVATIONS GÉNÉRALES S'APPLIQUANT A TOUS LES EXERCICES D'INTONATION.

1° 1er Exercice : Les élèves lisent les notes.

2° 2e Exercice : Le maître solfie, les élèves répètent ; puis il vocalise et les élèves répètent.

3° 3e Exercice : Le maître vocalise, les élèves (sans cahier) nomment les notes.

4° Soigner la prononciation ; bien ouvrir la bouche (j'entends le larynx) ; ne jamais forcer les sons. Chanter tantôt fort, tantôt doux, lentement ou vite ; les élèves doivent imiter, sans indication, toutes les inflexions, toutes les nuances, tous les mouvements observés par le maître.

Exercices d'intonation.

Exercices mesurés.

Exercices d'intonation.

(Voir les observations générales, page 4)

Exercices mesurés.

Le *fa* se place dans le premier interligne

Exercices d'intonation.

(Voir les observations générales, page 4.)

Exercices mesurés.

La *noire* 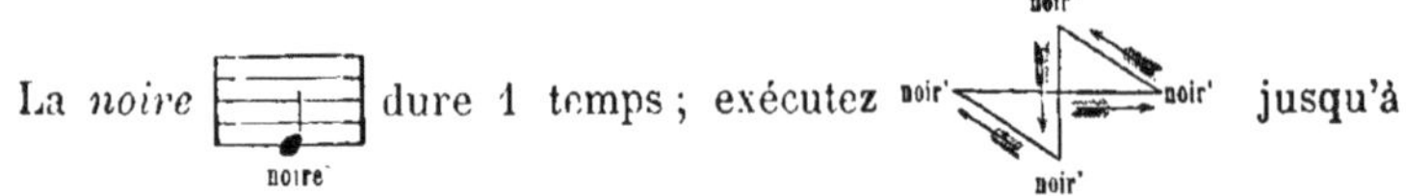

dure 1 temps ; exécutez jusqu'à bonne exécution. Le silence équivalent (de même valeur) s'appelle *soupir* 𝄽. On compte un temps de silence pour un soupir.

Exercices de valeur.

Exercices de mesure.

Un point placé après une note augmente cette note de la moitié de sa valeur. Ainsi la blanche suivie d'un point dure 3 temps ; 2 pour la blanche et la moitié ou 1 temps pour le point.

Exercices de valeurs.

Exercices mesurés.

Le *sol* se place sur la seconde ligne

Exercices d'intonation.

(Voir les observations générales, page 4.)

Exercices mesurés.

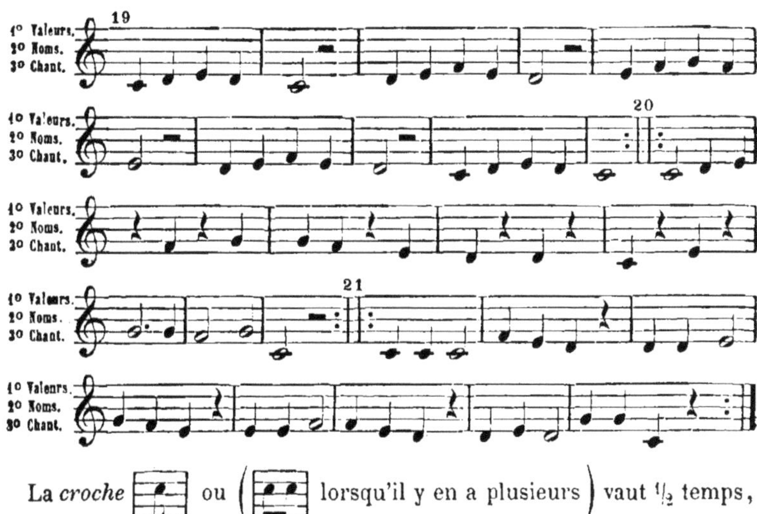

La *croche* ou (lorsqu'il y en a plusieurs) vaut $1/2$ temps, il y en a donc 2 pour chaque temps, 8 pour une mesure entière de 4 temps.

Exercice preparatoire.

Répéter cet exercice jusqu'à ce que la main ne fasse plus de mouvements qu'au 1er un, au 1er deux, au 1er trois, au 1er quatre. Ces exercices préparatoires doivent être faits très régulièrement et sans intervalle entre les temps.

Autres exercices préparatoires.

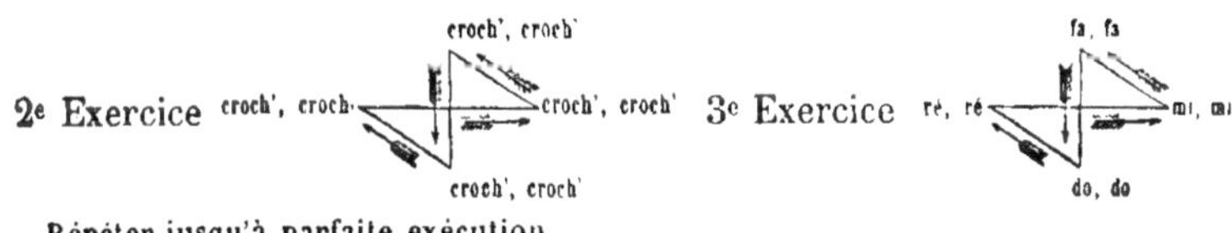

Répéter jusqu'à parfaite exécution.

Exercices de valeurs.

Répéter 8 à 10 fois chaque exercice.

blan-anch' noir' croch' croch'
blan-an-an-anch' croch'
blan-an-anch' croch' noir'
Récapitulation.
Exercices mesurés.
1° Valeurs.
2° Noms.
3° Chant.
1° Valeurs.
2° Noms.
3° Chant.

1° Valeurs.
2° Noms.
3° Chant.
2
3
4
5
6
7
8
9
10

Le *la* se place dans le second interligne

Exercices d'intonation.

(Voir les observations générales, page 4.)

Exercices mesurés.

Exercices de valeurs.

Exercices mesurés.

Le *si* se place sur la troisième ligne

Le *do* se place dans le troisième interligne

Exercices d'intonation.

(Voir les observations générales, page 4.)

Exercices mesurés.

1° Valeurs.
2° Noms.
3° Chant.

37

1° Valeurs.
2° Noms.
3° Chant.

1° Valeurs.
2° Noms.
3° Chant.

38

1° Valeurs.
2° Noms.
3° Chant.

39

1° Valeurs.
2° Noms.
3° Chant.

1° Valeurs.
2° Noms.
3° Chant.

40

1° Valeurs.
2° Noms.
3° Chant.

41

1° Valeurs.
2° Noms.
3° Chant.

1° Valeurs.
2° Noms.
3° Chant.

42

PREMIÈRE PARTIE.

1° Valeurs.
2° Noms.
3° Chant.

DEUXIÈME PARTIE.

1° Valeurs.
2° Noms.
3° Chant.

Exercices mesurés.

Lorsqu'on veut prolonger un son d'une mesure dans la mesure qui suit, on joint les notes par une liaison ‿ ; dans ce cas on ne répète la deuxième note ni en lisant ni en solfiant.

Exercice mesuré.

La noire suivie d'un point (ce qui augmente de moitié sa valeur) vaut trois croches.

Exemple Noire pointée vaut autant que trois croches.

Exercices de valeurs.

Exercices mesurés.

Le *ré* se place sur la quatrième ligne, le *mi* entre la quatrième et la cinquième ligne.

Exercices d'intonation.

(Voir les observations générales page 4.)

Dans les exercices suivants il faut prendre le ton assez bas pour que toutes les voix puissent faire le *mi*.

Exercices mesurés (Récapitulation).

Le *demi-soupir* 𝄾 dure autant que la croche. Ne pas le confondre avec le soupir 𝄽, qui vaut une noire.

Exercices de valeurs.

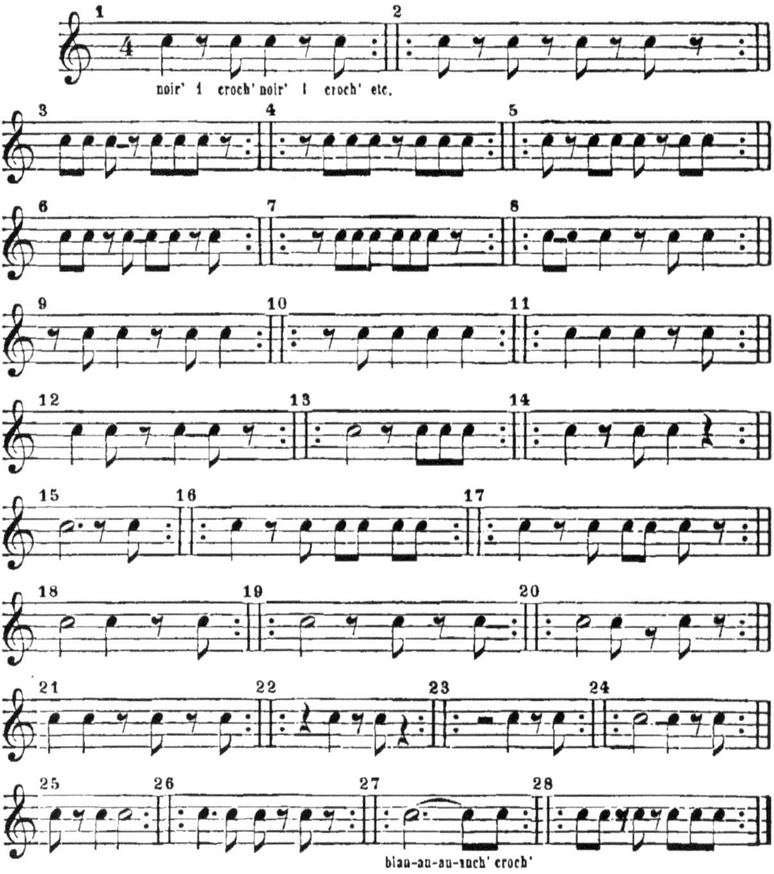
1
2
noir' 1 croch' noir' 1 croch' etc.
3
4
5
6
7
8
9
10
11
12
13
14
15
16
17
18
19
20
21
22
23
24
25
26
27
28
blan-au-au-nch' croch'

Exercices mesurés.

1° Valeurs.
2° Noms.
3° Chant.
1

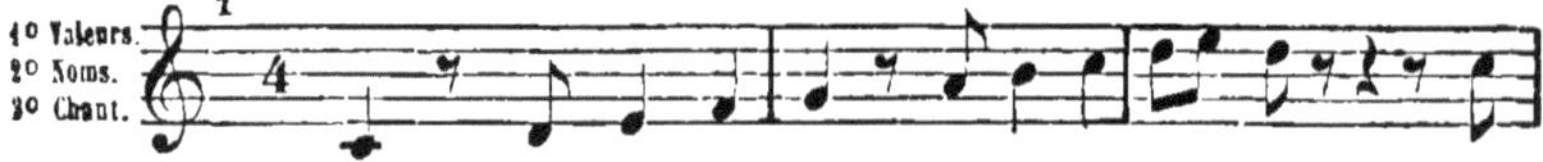

Le *fa* se place sur la cinquième ligne, le *sol* au-dessus de la cinquième ligne, le *la* sur la première ligne supplémentaire au-dessus.

Exercices d'intonation.

(Voir les observations générales, page 4.)

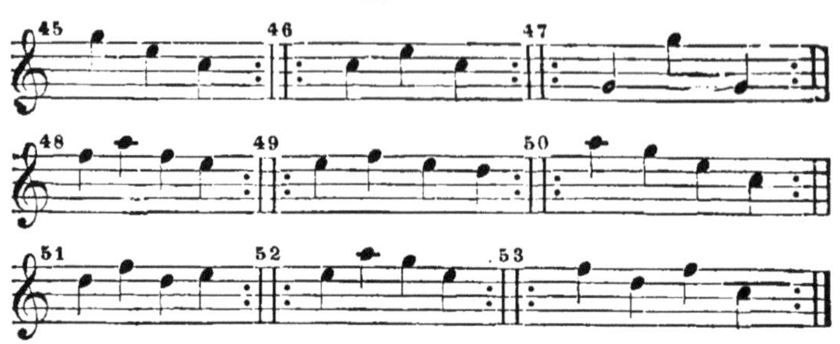

Exercices mesurés.

Le *dièze* ♯, placé devant une note, élève le son d'un demi-ton. Le *bémol* ♭, placé devant une note, baisse le son d'un demi-ton. Le *double-dièze* × hausse d'un ton la note qui n'est pas déjà diézée et d'un demi-ton seulement celle qui est déjà diézée. Le *double-bémol* ♭♭ baisse d'un ton la note qui n'est pas déjà bémolisée et d'un demi-ton seulement celle qui l'est déjà. Le *bécarre* ♮ détruit l'effet du ♯, du ♭, du × et du ♭♭, il n'a d'effet que dans la mesure où il est placé.

Il y a dans la gamme naturelle, dont nous nous sommes servi jusqu'ici (do, ré, mi, fa, sol, la, si, do), 5 tons et 2 demi-tons. Les deux demi-tons sont entre mi et fa et entre si et do, c'est-à-dire entre la troisième et la quatrième note de la gamme et entre la septième et la huitième.

Au moyen des ♯ et des ♭ on peut écrire cette gamme *diatonique* en la commençant par la note que l'on voudra, soit par sol.

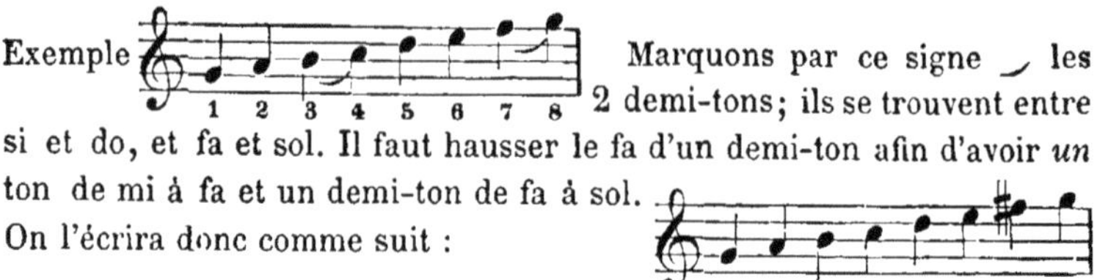

Exemple Marquons par ce signe ‿ les 2 demi-tons; ils se trouvent entre si et do, et fa et sol. Il faut hausser le fa d'un demi-ton afin d'avoir *un* ton de mi à fa et un demi-ton de fa à sol. On l'écrira donc comme suit :

Les ♯ et les ♭ qui appartiennent à la gamme que l'on chante s'appellent *constitutifs* ; ils se placent à la clefet ils affectent tous les sons du même nom et à toutes les octaves.

Si l'on écrivait toutes les gammes comme nous venons de faire pour la gamme de sol, on verrait apparaître les dièzes dans l'ordre suivant : fa, do, sol, ré, la, mi, si, et les ♭ dans l'ordre inverse : si, mi, la, ré, sol, do, fa. Voir l'explication théorique, pages 73, 74 et 75.

Les ♯ et les ♭ qui n'appartiennent pas à la gamme que l'on chante s'appellent *accidentels;* ils n'ont d'effet que dans la mesure où ils se trouvent placés.

TABLEAU DES GAMMES MAJEURES.

Remarquez : 1° Que le ton de la gamme est toujours un demi-ton au-dessus du dernier dièze. 2° Que la gamme de *fa* a un bémol. 3° Que dans les autres gammes bémolisées l'avant-dernier bémol affecte la note fondamentale de la gamme.

Ces gammes n'offrent pas de difficultés pour le chant, elles sont en tout semblables à la gamme de *do*. — Exécutez pour exemple les trois gammes suivantes, sans changer de ton.

Exercices d'intonation

sur les dièzes et les bémols accidentels.

Le maître chante tous ces exercices sur le même ton et les élèves répètent, c'est-à-dire en faisant le *sol* sur le même ton que le *do*, etc.

Exercices d'intonation.

(Voir les observations générales, page 4.)

Exécuter comme il est écrit; le maître chante, les élèves répètent.

40
41
42
43
44
45
46
47
48
49
50
51
52
53
54
55
1
2
3
4
5
6
7
8
9
10
11
12
13
14
15
16
17
18
19

Exercices mesurés.

Les élèves peuvent étudier maintenant, concurremment avec la méthode, les exercices d'harmonie (pages 76, 77, 78, 79 et 80), afin d'apprendre à chanter à plusieurs parties. Ils peuvent aussi commencer l'étude de chœurs faciles et à plusieurs parties ; on aura soin de transposer en clef de sol celles qui seraient écrites en clef de fa, ou de faire de suite étudier les exercices sur la clef de fa (pages 46 et 47) aux élèves chantant les parties de basse et de baryton.

Lorsqu'on veut diviser un temps en trois parties, on emploie le *triolet*, que l'on représente par trois croches (ou leur valeur) surmontées d'un 3 pour indiquer la division tertiaire.

Exercices de valeurs.

4. 5 6 7
8 9 10 11
12 13 14
15 16 17
noir' croch' croch' noir' 1 2 3
18 19
20 21 22
noir' noir' 1 2 3 noir'
1 2 3
23 24 25
1 2 3
26 27 28
29 30 31
32 33 34
1 2 3
1 2 3 1 2 3
35 36 37
1 2 3
38 39 40

Exercices mesurés.

Exercices de valeurs

sur la double-croche 𝅘𝅥𝅯 *ou* ♬; *le silence équivalent est* 𝄿, *le 1/4 de soupir.*

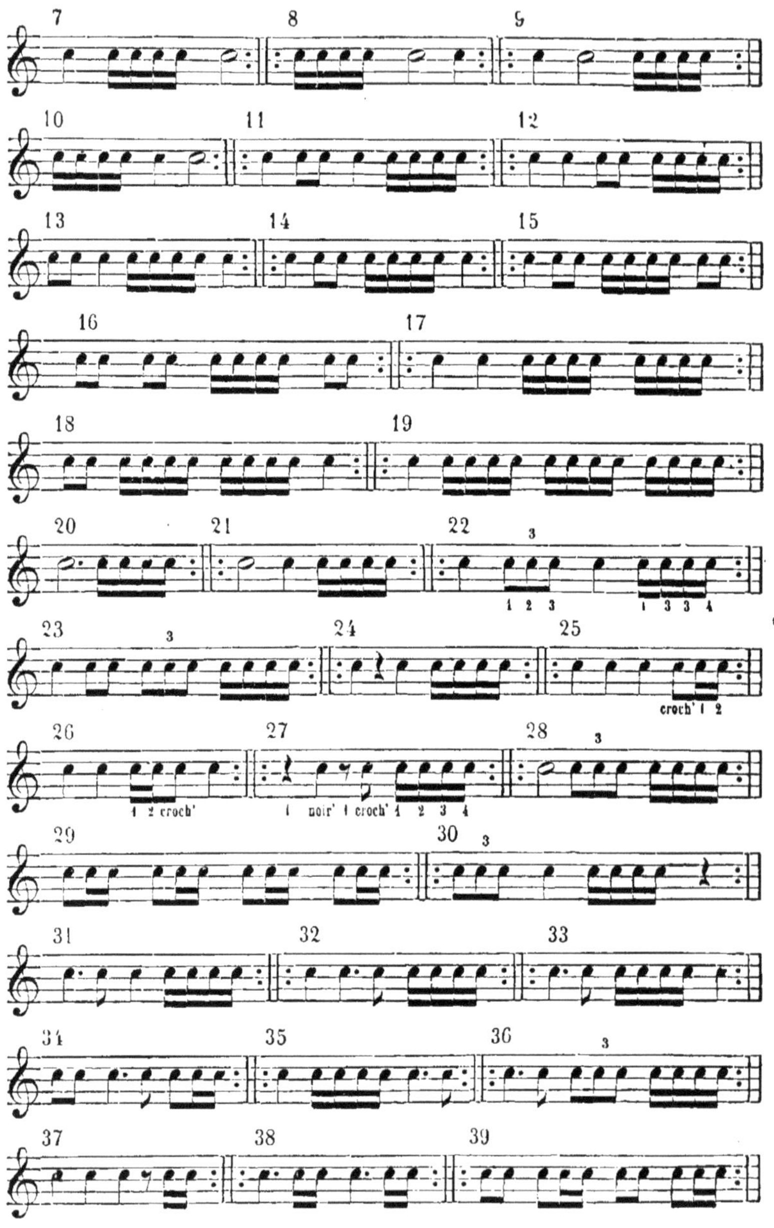
7
8
9
10
11
12
13
14
15
16
17
18
19
20
21
22
3
1 2 3
1 3 3 4
23
3
24
25
croch' 1 2
26
1 2 croch'
27
1 noir' 1 croch' 1 2 3 4
28
3
29
30
3
31
32
33
34
35
36
3
37
38
39

Lorsqu'il y a deux points après une note, le premier vaut la moitié de la valeur de la note, le second la moitié de la valeur du premier point (voy. ci-dessus, exercice 41)

Exercices mesurés.

1 — 1° Valeurs. 2° Noms. 3° Chant. — 2

1° Valeurs. 2° Noms. 3° Chant.

3 — 1° Valeurs. 2° Noms. 3° Chant.

4 — 1° Valeurs. 2° Noms. 3° Chant.

5 — 1° Valeurs. 2° Noms. 3° Chant.

1° Valeurs. 2° Noms. 3° Chant. — 6

1° Valeurs. 2° Noms. 3° Chant. — 7

1° Valeurs. 2° Noms. 3° Chant. — 1 123 4

1° Valeurs. 2° Noms. 3° Chant.

Exercices d'intonation

à faire exécuter au commencement de chaque leçon.

Le maître chante : 1° en disant les notes, les élèves répètent ; 2° en vocalisant, les élèves répètent ; 3° le maître vocalise, les élèves solfient sans cahiers.

MESURE A TROIS TEMPS.

Elle s'indique par un 3 ou par 3/4. Cette mesure renferme trois noires ou une valeur équivalente. Faites battre cette mesure comme l'indique la figure

Exercices de valeur.

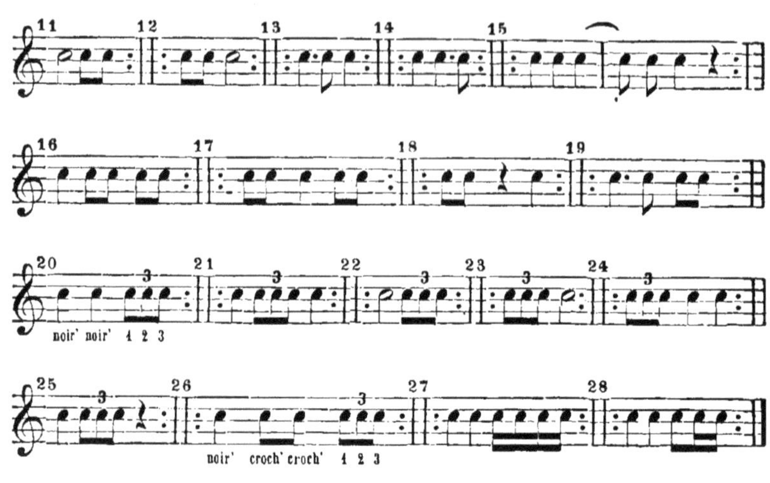

Exercices mesurés.

MESURE A 2 TEMPS.

La mesure à 2 temps s'indique par 2/4; la battre comme l'indique la figure. Cette mesure renferme deux noires ou des valeurs équivalentes.

Exercice de valeur.

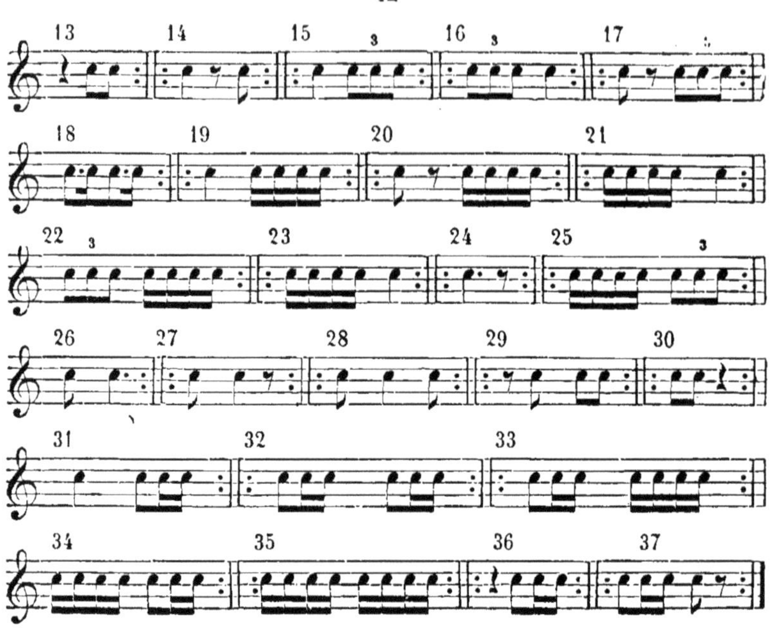

Exercices mesurés.

MESURE BRÈVE A 3 TEMPS.

Cette mesure s'indique par 3/8. Elle renferme trois croches ou valeurs équivalentes. On la bat à 3 temps vite en prenant la croche pour unité, et plus souvent à 1 temps en ne marquant que le premier temps et levant les deux autres, comme l'indique la figure.

Exercices de valeurs.

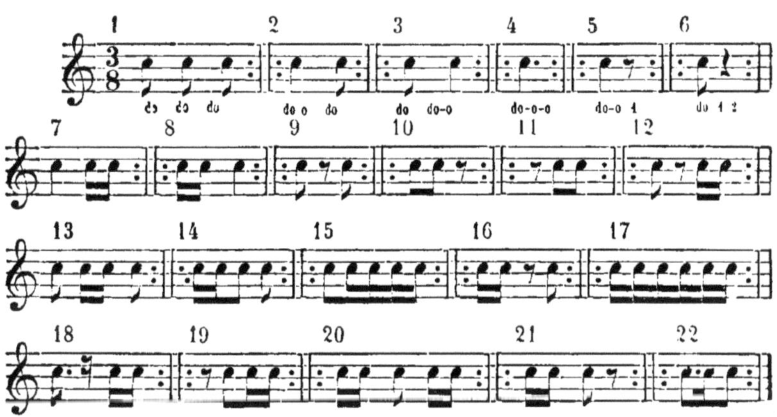

Exercices mesurés.

MESURE 6/8.

C'est une mesure ternaire. Elle se bat à 2 temps. Il y a trois croches par temps. La première note de chaque triolet est forte, les deux autres sont faibles.

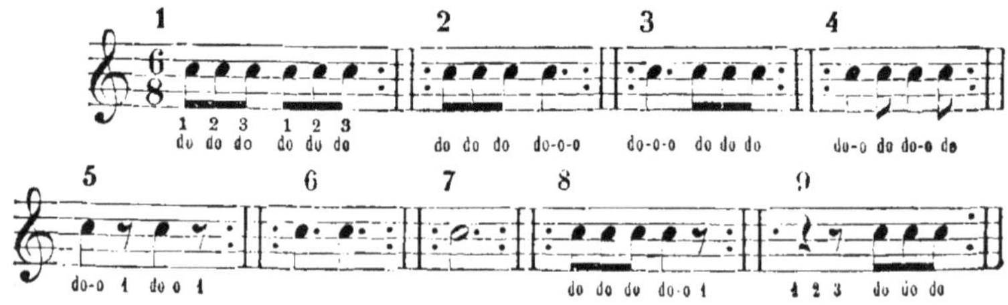

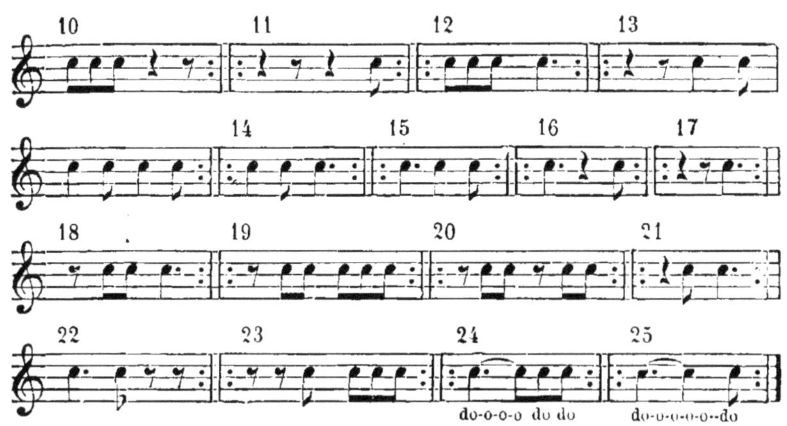

Exercices mesurés.

CLEF DE FA.

Remarquer que le nom des notes, comparé à celles de la clef de sol, se trouve une ligne ou un interligne au-dessous. Voir pour la hauteur relative des sons, le tableau des voix, page 71.

Exercices d'intonation.

(Voir les observations générales, page 4.)

19
20
21
22
23
24
25
la
26
27
28
29
30
31
32
33
34
35
si si
36
37
38
39
40
41
42
do
43
44
45
46
47
48
49
50
51
52
ré
53
54
55
mi
fa
56
57
58
la

TABLEAU DES GAMMES MINEURES.

Nota. Ces gammes s'exécutent en montant comme en descendant. Les exécuter en montant de gauche à droite, et redescendre de droite à gauche. Voir page 75 l'explication théorique des gammes mineures.

Autres gammes mineures.

Ces gammes ne se chantent pas en montant comme en descendant. Voir page 75.

Gamme de SI mineur.
— de FA ♯ mineur.
— de DO ♯ mineur.
— de SOL ♯ mineur.
— de RÉ ♯ mineur.
— de LA ♯ mineur.

Gamme de RÉ mineur.
— de SOL mineur.
— de DO mineur.
— de FA mineur.
— de SI♭ mineur.
— de MI♭ mineur.
— de LA♭ mineur.

Exercices mesurés (mode mineur).

5 Sol mineur.
1° Valeurs.
2° Noms.
3° Chant.
6 Ut mineur.
7 Fa mineur.

PRINCIPES DE MUSIQUE.

La musique est une combinaison de sons produisant des sensations agréables.

On nomme *musique vocale* celle que les voix font entendre, et *musique instrumentale* celle qui est produite par les instruments

On nomme *accord* plusieurs sons différents qui, entendus simultanément, produisent un effet musical. Une suite d'accords bien enchaînés forme de l'harmonie.

On appelle *mélodie* une succession de sons offrant un sens musical. Une seule voix peut faire entendre une mélodie.

L'harmonie est composée de combinaisons simultanées, et la mélodie de combinaisons successives.

Les signes qui représentent les sons s'appellent *notes*. La forme des notes en fait connaître la *durée*. Il y a sept formes principales :

ronde blanche noire croche double-croche triple croche quadruple-croche

La blanche vaut la moitié de la ronde, la noire la moitié de la blanche, la croche la moitié de la noire, etc.

Lorsque la voix ou l'instrument doit s'interrompre, la durée de cette interruption est indiquée par des signes appelés *silences* et qui correspondent pour la valeur aux notes ci-dessus.

pause 1/2 pause soupir 1/2 soupir 1/4 de soupir 1/8 de soupir 1/16 de soupir

Du point placé après la note.

Le point placé après une note augmente de moitié la valeur de cette note. La ronde pointée vaut trois blanches, la blanche pointée trois noires, la noire pointée trois croches, etc.

Lorsqu'il y a deux points après une note, le second point vaut en durée la moitié du premier ; ainsi une blanche suivie de deux points vaut trois noires et une croche, ou sept croches.

Les silences peuvent aussi se pointer, à l'exception de la pause, qui marque toujours le silence d'une mesure entière.

Des triolets.

Lorsqu'on veut diviser un temps ou une fraction de temps en trois parties, on se sert du triolet. Dans ce cas on met un petit 3 au-dessus des notes ainsi employées.

Exemple  Le 4e temps est divisé en 3 parties ; cette division tertiaire est indiquée par le 3 placé au-dessus ; les notes composant le triolet n'ont que les deux tiers de leur valeur ordinaire.

Les sons élevés (hauts) s'appellent *aigus ;* les sons bas s'appellent sons *graves*. Pour représenter la gravité ou l'acuité des sons, on place les notes qni les représentent sur une échelle de 5 lignes, appelée *portée*, à laquelle on ajoute au besoin des lignes supplémentaires en haut et en bas. Les notes se placent sur les lignes et entre les lignes ; la première ligne est celle du bas :

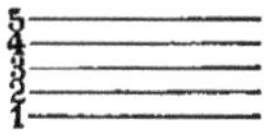

Pour distinguer les sons, on leur donne un nom ; il y a sept noms : do, ré, mi, fa, sol, la, si. On recommence la série soit en montant, soit en descendant. En répétant la première note *do* après ces sept noms, on forme une octave. L'étendue que peuvent parcourir les instruments est d'environ sept octaves ; celle d'une voix est d'une octave et demie.

Des clefs.

Les clefs sont des signes placés au commencement de la portée pour déterminer le nom des notes. Il y a trois clefs : de sol, de fa, de do. Les clefs les plus usitées aujourd'hui sont la clef de sol 2e ligne et la clef de fa 4e ligne.

Des mesures.

On appelle *mesure* le partage de la durée en parties égales.

Le commencement et la fin d'une mesure sont indiqués par des lignes verticales appelées *barres de mesure*.

La mesure se divise en parties égales appelées *temps.* On emploie des mesures à 2 temps, à 3 temps, à 4 temps.

Il y a deux sortes de mesures : les mesures simples et les mesures composées.

On appelle *mesures simples* celles dont les temps et les fractions de temps se divisent en deux parties égales (mesures binaires).

On nomme *mesures composées* celles dont les temps et les fractions de temps se divisent en trois parties égales (mesures tertiaires).

Dans la fraction qui indique la mesure, le *dénominateur* 4 représente le 1/4 de la ronde ou une noire, le dénominateur 8 le 1/8 de la ronde ou une croche ; le *numérateur* fait connaître le nombre de noires, de croches, etc., composant la mesure. Exemple : 3/4 indique une mesure contenant 3 noires ou une valeur équivalente ; 9/8 une mesure ayant 9 croches ou une valeur équivalente.

Temps forts et temps faibles.

Parmi les temps d'une mesure il en est de plus marqués, de plus accentués, ce sont les *temps forts*; les autres sont les *temps faibles*.

Dans la mesure à 4 temps, le premier et le troisième sont forts; le deuxième et le quatrième sont faibles. Dans les mesures à 3 temps et à 2 temps, le premier seul est fort.

Dans une mesure quelconque, lorsqu'un temps est divisé en deux parties égales, la première est forte, la deuxième faible. S'il est divisé en trois parties, la première seule est forte.

Des intervalles.

On nomme *intervalle* la distance d'un son à un autre. Il y a sept intervalles simples : seconde, tierce quarte, quinte, sixte, septième huitième ou octave.

Les *intervalles composés* sont ceux qui comprennent plus d'une octave; ce sont : la neuvième ou seconde redoublée, la onzième ou quarte redoublée, etc.

Exemple en do.

Noms particuliers à certains degrés de la gamme.

Du dièze, du bémol, du double-dièze, du double-bémol, du bécarre.

Le *dièze* (♯) élève d'un demi-ton la note devant laquelle il est placé.

Exemple : 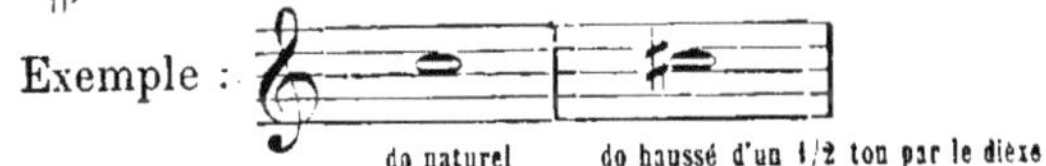

Le *bémol* (♭) baisse d'un demi-ton la note devant laquelle il est placé.

Exemple : 

Le *double-dièze* (×) a deux emplois : 1° il hausse d'un second demi-ton la note déjà diézée ; 2° il hausse d'un ton entier la note qui n'est pas encore diézée.

Exemple :

Le *double-bémol* (♭♭) a deux emplois : 1° il baisse d'un demi-ton la note déjà bémolisée ; 2° il baisse d'un ton entier la note non encore bémolisée.

Exemple :

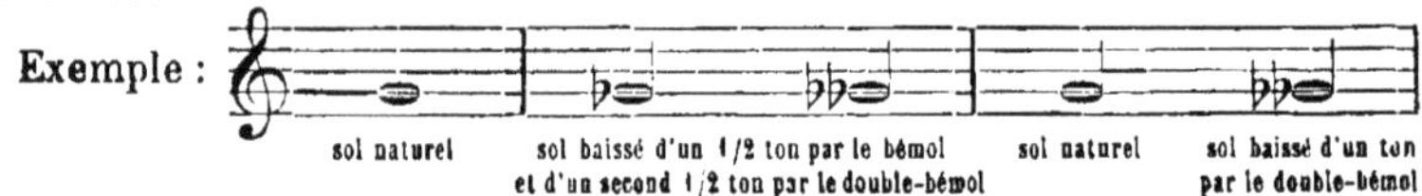

Le *bécarre* (♮) détruit l'effet du dièze, du bémol, du double dièze et du double bémol ; il remet la note dans le ton naturel, c'est à dire dans celui qu'elle a dans la gamme de do.

Lorsque les dièzes ou les bémols font partie de la gamme dans laquelle le morceau de musique est écrit, on les appelle *constitutifs ;* ils se placent alors après la clef, et ils influent sur toutes les notes du même nom, à toutes les octaves et pendant toute la durée du morceau. (Voir le tableau des gammes majeures et celui des gammes mineures, pages 28 et 48.) Lorsqu'ils ne font pas partie de la gamme dans laquelle le morceau est écrit et qu'ils servent à moduler, ils sont appelés *accidentels ;* ils influent alors seulement sur toutes les notes de même nom placées après eux et dans la même mesure seulement. Ils s'emploieut aussi pour altérer certaines notes de la gamme, afin de donner plus d'élégance à la forme mélodique. Cette altération ne constitue pas alors une modulation. Ex. : le sol ♯, du 2e exercice ci-dessous.

Dièzes constitutifs.

1er Ex.

Tous les fa et tous les do sont diézés.

Dièzes et bémols accidentels.

2e Ex.

Rapport des notes altérées entre elles et avec les notes naturelles.

Le nom et la position des notes changent, le son reste le même.

Ton, demi-ton.

Dans la gamme majeure on trouve deux demi-tons placés entre le troisième et le quatrième degré, et entre le septième et le huitième; les autres intervalles sont appelés *tons entiers*.

NOTA. Le *demi-ton* est le plus petit intervalle usité dans notre musique.

Le mot *ton* ou *tonique* désigne aussi la première note d'une gamme; il signifie aussi le degré sur lequel est fixé l'accord d'un instrument. Exemple : Sax-horn dans le ton de si ♭, clarinette en la, sax-horn en mi ♭, ophicléide en do, etc.

Positions des dièzes et des bémols.

Lorsqu'on exécute la gamme en prenant *do* pour tonique, toutes les notes de cette gamme sont dites naturelles. Si l'on exécute la gamme en prenant pour tonique un autre son que *do*, on rencontre des sons qui doivent être haussés par des dièzes ou baissés par des bémols, afin de conserver les demi-tons entre le troisième et le quatrième et entre le septième et le huitième son. En faisant ainsi des gammes partant de tous les sons de la gamme naturelle et des sons diézés et bémolisés, on voit les dièzes se présenter de quinte en quinte en montant, à partir de fa, ce qui donne pour les dièzes l'ordre suivant : fa, do, sol, ré, la, mi, si ; la série se continuant avec les doubles-dièzes.

Remarque. — Si une gamme contient un dièze, c'est le fa ; si elle en contient deux, c'est fa et do, etc.

Les bémols se présentent de quinte en quinte en descendant, à partir de si, ce qui donne l'ordre suivant : si, mi, la, ré, sol, do, fa, etc. (Même remarque que pour les dièzes et doubles-dièzes.) (Voir le tableau des gammes majeures, page 28.)

Des gammes diatoniques majeures et des gammes diatoniques mineures.

(Voir le tableau. — On dit aussi *mode majeur*, *mode mineur*.)

I. *Gammes diatoniques.*

1° Une *gamme diatonique* est celle dans laquelle on n'emploie que les sons qui appartiennent à cette gamme, dont la gamme de do est le modèle ; il y en a de deux espèces : la gamme diatonique majeure, la gamme diatonique mineure. La place des demi-tons est changée dans la gamme mineure. (Voir le tableau des gammes mineures, page 48.)

2° Une gamme contenant tous les demi-tons consécutifs s'appelle *gamme chromatique*.

La gamme *enharmonique* est celle dans laquelle on passe d'un son à un autre appartenant à une autre gamme en ne changeant que de nom de note sans changer d'intonation sensiblement.

Exemple : *la* ♯-*si* ♭, *la* ×-*si*.

Selon qu'un morceau est écrit au moyen de l'une ou de l'autre de ces gammes, il est du *genre diatonique*, du *genre chromatique* ou du *genre enharmonique*.

II. *Gammes diatoniques majeures et mineures.*

Dans la gamme diatonique majeure la tierce est majeure (2 tons), quel que soit le point de départ de la gamme. Dans la gamme diatonique mineure la tierce est mineure (1 ton ½), quel que soit le point de départ de la gamme.

Ton relatif principal.

Le ton relatif principal s'indique à la clef avec les mêmes dièzes ou les mêmes bémols. Le ton relatif mineur est une tierce mineure au-dessous de son relatif majeur et *vice-versa*.

Tons relatifs secondaires.

Les tons relatifs secondaires sont ceux qui ont un dièze ou un bémol de plus ou de moins à la clef.

	ton et son relatif principal	relatif 2e et son relatif mineur principal	relatif 2e et son relatif mineur principal
Modes ou tons relatifs. Ex. :	do majeur ou la mineur	sol majeur ou mi mineur	fa majeur ou ré mineur

Il y a cinq tons relatifs principaux et secondaires pour chaque mode. L'armement de la clef détermine le ton, mais non le mode, le relatif principal ayant le même armement. La gamme (le ton) sera majeure si la quinte n'est pas haussée d'un demi-ton, et elle sera mineure si cette quinte est haussée : cette quinte devient alors la note sensible du mode mineur.

Si l'on ne rencontre pas la quinte, il faut voir la dernière note (basse) du morceau, qui est toujours la tonique. Lorsqu'il n'y a aucun signe à la clef, la gamme est celle de do majeur ou de son relatif la mineur.

S'il y a des dièzes, le dernier est la note sensible du ton majeur. S'il n'y a qu'un bémol, la gamme part de fa majeur ou de ré mineur. S'il y a plusieurs bémols, l'avant-dernier est sur la tonique majeure.

De la liaison.

C'est une courbe placée au-dessus ou au-dessous de plusieurs notes et qui indique qu'elles doivent s'exécuter d'une seule émission de voix.

Lorsque cette courbe est placée sur plusieurs notes à l'unisson, elle indique qu'il ne faut faire qu'un seul son ayant une durée égale à celle de toutes les notes réunies par la courbe, qui, dans ce cas, prend le nom de *prolongation*.

La note qui précède immédiatement une liaison et la dernière note d'une liaison perdent la moitié de leur valeur remplacée dans l'exécution par un silence équivalent.

Dans une liaison de deux notes la première s'attaque plus fort que la seconde.

De la syncope.

On appelle *sons syncopés* ceux qui, attaqués sur un temps faible ou une partie faible d'un temps, se prolongent sur un temps fort ou sur une partie forte d'un temps.

Des abréviations.

On appelle *abréviations* la manière de représenter plusieurs notes par une seule ou par un signe qui les remplace. Elles sont surtout employées dans la musique instrumentale. Voici les plus usitées.

Lorsque dans un morceau à plusieurs parties, l'une d'elles exécute le même passage à l'unisson, on écrit dans cette partie le mot *unisson*, et l'on met des lignes obliques dans les autres mesures qui sont semblables, ou bien on écrit dans cette partie les mots : *col.* 1re ou *col.* 2me.

On écrit quelquefois les sons une octave au-dessus ou au-dessous de la place qu'ils doivent occuper. On indique cette transposition en mettant 8va~~~~~ au-dessus du passage transposé au grave, ou au-dessous du passage transposé à l'aigu. Ce signe perd son effet au mot *loco*.

Du mouvement.

On nomme *mouvement* le degré de vitesse ou de lenteur donné à la mesure. Dans la musique moderne presque tous les auteurs indiquent le mouvement au commencement du morceau et aux endroits où il est modifié par une note suivie du nombre d'oscillations que doit donner le métronome pour cette valeur.

Exemple :

D'autres auteurs indiquent les mouvements par des mots italiens ; voici ces mots et leur signification française.

Mouvements lents.

Grave	Grave.
Large	Large et très lent. Sévère.
Lente	Lentement.
Larghetto	Diminutif de large, moins sévère que large.
Adagio	A l'aise, lentement et posément.
Cantabile	Lentement avec grâce.

Mouvements modérés.

Andante	Sans trop de lenteur.
Andantino	Moins lent que l'andante.
Moderato	Modéré.

Mouvements vifs.

Allegretto	Vivacité modérée et gracieuse.
Allegro	Gai, vif.
Vivace	Vif.
Presto	Vif, rapide.
Prestissimo	Très vif, impétueux.

Les mots *ad libitum* ou *a piacere* signifient : à volonté ; on ralentit ou l'on presse le mouvement jusqu'au mot *1° tempo* indiquant qu'il faut reprendre le 1er mouvement.

Des nuances.

On appelle *nuances* les différents degrés de force donnés aux sons. Ils s'indiquent par des mots italiens ou leur abréviation dont voici la signification.

MOTS ITALIENS.	ABRÉVIATIONS.	SIGNIFICATION.
Pianissimo	*pp.*	Très doux.
Piano ou *dolce*	*p.*	Doux, faible.
Crescendo	*cresc.* ou <	En renforçant le son.
Crescendo poco à poco	*Cresc. poco à poco.*	En renforçant peu à peu.
Sforzando ou *rinforzando*	*Sf.* ou *rinf.*	Renforçant tout à coup.
Mezzo forte	*Mezz. f.* ou *mf.*	Demi-fort.
Forte	*f.*	Fort.
Fortissimo	*ff.*	Très fort.
Smorzendo ou *diminuendo*	*Smorz.* ou *dim.*	En affaiblissant.
Decrescendo	*Decresc.* ou >	En diminuant.

Des termes d'expression.

Ce sont des mots italiens qui s'ajoutent à ceux indiquant la mesure pour leur donner un caractère spécial.

TERMES.	SIGNIFICATION.
Sostenuto.	Donne aux mouvements lents un caractère de gravité en soutenant et liant les sons.
Maestoso	Donne aux différents mouvements un caractère noble et majestueux.
Grazioso ou *affectuoso* ou *amoroso*	Donne aux mouvements modérés une teinte gracieuse.
Agitato ou *mosso*	Donne aux mouvements vifs un caractère passionné, agité, animé.
Assai-combrio ou *vivace*	Donne aux mouvements vifs un caractère brillant.
Scherzando	Donne aux mouvements vifs une teinte de légèreté, de plaisanterie.
Con expressione ou *con express.*	Avec expression s'aioute ordinairement aux mouvements lents.

Des agréments ou ornements du chant.

On appelle *agréments* certaines notes qui ne sont pas indispensables à la phrase musicale et ne comptent pas dans la mesure, et que l'exécutant peut omettre ou varier. On les écrit en caractères plus petits. L'emploi modéré de ces notes peut ajouter du charme à la musique ; l'abus est fatigant et nuit à l'effet.

Les principales sont : l'*appoggiature*, le *grupetto*, le *mordant*, le *port de voix*, l'*anticipation*, le *trille* et le *point d'orgue*.

Appoggiature.

Petite note placée un demi-ton ou un ton au-dessus ou au-dessous d'une note à laquelle elle emprunte une partie de sa durée, ordinairement la moitié.

Si la petite note est coupée par une barre transversale, elle se fait le plus vite possible et ne diminue que d'une quantité presque inappréciable la valeur de la note qui la suit.

On l'appelle alors *appoggiature brisée.*

Il y a des *appoggiatures doubles* et *triples*, comme dans les exemples suivants :

Grupetto.

On appelle ainsi une appoggiature de quatre notes qui s'exécutent avec rapidité. Il y en a de deux espèces comme dans les exemples suivants :

Le grupetto est souvent indiqué par ce signe ∽ placé au-dessus ou au-dessous de la note ordinaire. On fait alors le grupetto avant, après ou même au milieu de la durée de la note ordinaire qui, dans ce cas, se décompose en deux parties égales.

Mordant.

Le mordant s'indique par ce signe ^^ placé au-dessus de la note ordinaire ; il indique une appoggiature de deux notes qui se doivent exécuter le plus vite possible.

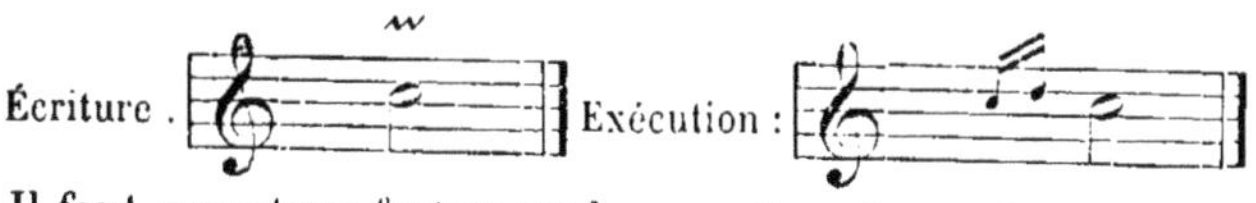

Il faut accentuer fortement la première des petites notes.

Port de voix.

Manière d'articuler des sons. On doit les unir par une liaison du gosier. Il s'indique comme l'appoggiature brisée.

Anticipation.

Elle consiste à ôter à une note ordinaire une partie de sa valeur que l'on remplacera par l'unisson de la note suivante:

NOTA. N'user que rarement de ces deux derniers ornements, l'abus ôte toute grâce et toute distinction au chant.

Trille ou cadence.

Succession alternative et rapide de deux notes. Il s'indique par *tr* placé sur la note. EXEMPLES :

Quand il est précédé d'une appoggiature, le trille commence par la note indiquée par l'appoggiature.

L'abus du trille est de mauvais goût.

Point d'orgue.

Il s'indique par ce signe 𝄐. Il marque une suspension plus ou moins longue de la mesure. Il se place : sur la dernière note d'une phrase musicale et en prolonge la durée ; ou sur un silence avec le même effet, alors il s'appelle *point d'arrêt ;* ou sur l'avant-dernière note d'une phrase musicale ; il est alors généralement accompagné de divers ornements ou traits ; il s'appelle dans ce cas *point final* ou *cadenza.*

Du point placé au-dessus des notes ou staccato (détaché).

Lorsqu'une note est surmontée d'un point allongé on ne lui donne que le quart de sa valeur.

Si le point est rond la note doit avoir la moitié de sa valeur.

Des reprises.

On appelle *reprises* les différentes parties d'un morceau, elles sont séparées par deux grosses barres

Lorsqu'une première reprise doit être exécutée deux fois on place deux points à la gauche des barres

Lorsqu'une reprise qui n'est pas la première du morceau doit être faite deux fois, on met deux points à la droite des barres qui indiquent le commencement de cette reprise, et deux points à la gauche des deux barres qui indiquent la fin de cette reprise.

Des renvois.

C'est un signe qui indique qu'il faut recommencer à l'endroit où se trouve un signe semblable.

Voici les plus usités 𝄋 𝄌 ou ces mots *al segno*.

Les mots italiens *da capo* ou leur abréviation *D. C.* placés après la dernière reprise d'un morceau, indiquent qu'après cette reprise on doit recommencer le morceau jusqu'au mot *fin*.

Quelquefois le mot *fin* est remplacé par un point d'orgue placé sur les deux barres de la première reprise.

Lorsque le renvoi n'est pas au commencement du morceau, on recommence à partir du premier signe jusqu'au mot *fin*.

Il faut remplacer la première mesure par la deuxième lorsqu'on fait la reprise indiquée ainsi :

Accolade.

On appelle ainsi un trait perpendiculaire que joint deux ou plusieurs parties que l'on *doit exécuter* en même temps.

Classification des voix.

Les voix qui donnent les sons les plus aigus sont nommées voix de *soprano* (voix de femmes et voix d'enfants).

Les voix d'hommes sont appelées *ténor*, *baryton* et *basse*.

Étendue générale des voix humaines.

Étendue particulière de chaque espèce de voix.

Les voix ont rarement toute l'étendue indiquée ici.

Nota. Lorsque les voix de ténor exécutent la musique écrite clef de sol, elles produisent naturellement les sons une octave plus bas qu'ils ne sont écrits. On écrit maintenant presque toujours la voix de ténor sur la clef de sol.

Classification des voix de femmes et d'enfants.

Lorsqu on fait exécuter par des voix d'enfants des chœurs écrits pour voix d'hommes, le premier soprano exécute la partie de premier ténor, le deuxième soprano celle du deuxième ténor, l'alto la partie de baryton, le contralto la partie de basse.

Formation des gammes majeures.

La gamme est formée de deux parties semblables : *do*, *ré*, *mi*, *fa* et *sol*, *la*, *si*, *do*, appelées *tétracordes*.

Du *do* au *ré* il y a un intervalle d'un ton ; du *ré* au *mi* il y a également un ton ; et du *mi* au *fa*, un demi-ton.

Chaque note de la gamme peut être augmentée ou diminuée d'un demi-ton ; formons les deux tableaux suivants qui comprennent l'ensemble de toutes les notes musicales :

De la comparaison de ces deux tableaux, il résulte qu'un *do* ♯ et un *ré* ♭ sont identiques ; il en est de même d'un *ré* ♯ et d'un *mi* ♭ ; d'un *fa* ♯ et d'un *sol* ♭, etc...[1]

Il y a donc en réalité 12 notes différentes en musique ; ce qui se voit très bien sur le clavier de l'orgue ou du piano.

Sur chacune de ces 12 notes on peut former une gamme semblable à la gamme de *do* ou gamme modèle. Cette formation ne présente aucune difficulté.

Formons une gamme en partant du degré *sol ;* nous écrivons la série naturelle des notes :

sol, *la*, *si*, *do* | *ré*, *mi*, *fa*, *sol*.

Comparons les deux parties de cette gamme au tétracorde *do*, *ré*, *mi fa*, c'est-à-dire voyons si les intervalles sont successivement : d'*un ton*, d'*un ton*, d'*un demi-ton*. Le premier tétracorde *sol*, *la*, *si*, *do* n'a pas besoin de vérification, puisqu'il est le même que le second tétracorde de la gamme de *do*. Examinons le second : *ré*, *mi*, *fa*, *sol*.

Du *ré* au *mi*, c'est-à-dire du premier au deuxième degré, il y a un ton, ce qui est bien ; du *mi* au *fa*, c'est-à-dire du deuxième au troisième degré, il n'y a qu'un demi-ton, ce qui est fautif ; du *fa* au *sol*, c'est-à-dire du troisième au quatrième degré, il y a un ton et il ne faut qu'un demi-ton. L'intervalle du deuxième au troisième degré étant trop petit,

1 Nous parlons comme musicien et non comme mathématicien. Il nous paraît inutile d'entrer ici dans les explications relatives au comma, la distinction entre do ♯ et ré ♭ étant purement théorique.

haussons le *fa* d'un demi-ton au moyen d'un ♯, et nous aurons *mi, fa*♯, intervalle régulier, un ton. Par cette modification, l'intervalle du troisième au quatrième degré se trouve également ramené à un demi-ton.

Voilà pourquoi il y a un *fa* ♯ dans la gamme de *sol* majeur.

On prouverait de la même manière que la gamme de *ré* a deux dièzes, celle de *la*, trois dièzes, etc....

Les élèves devront écrire toutes les gammes, en les analysant comme nous venons de le faire pour la gamme de *sol*.

Génération des gammes majeures.

La succession des gammes n'est pas arbitraire ; toutes se suivent par ordre de quintes ascendantes (On appelle *quinte* un intervalle de sept demi-tons).

Voici cet ordre : *do*, *sol*, *ré*, *la*, *mi*, *si*, *fa*♯, *do*♯, *sol*♯, *ré*♯, *la*♯, *mi*♯ *si*♯ qui n'est autre chose que *do*.

Chacune de ces gammes a un dièze de plus que la précédente. Ainsi *sol* a un dièze; *ré* en a deux, *la* trois, *mi* quatre, *si* cinq, *fa* ♯ six, et *do* ♯ sept.

Comme il n'y a que sept éléments dans la gamme, on a été obligé, dans la pratique, de s'arrêter à *do* ♯ qui a toutes ses notes diézées.

Total huit gammes qui sont : *do*, *sol*, *ré*, *la*, *mi*, *si*, *fa*♯, *do*♯.

Pour obtenir les quatre qui manquent, on a procédé par quintes descendantes, et on a eu ainsi: *do*, *fa*, *si* ♭, *mi*♭, *la*♭, *ré*♭, *sol*♭, *do* ♭, *fa*♭, *si*♭♭, *mi* ♭♭, *la*♭♭ et *ré* ♭♭ ou *do*.

Formons la gamme de *fa :*

fa, *sol*, *la*, *si* | *do*, *ré*, *mi*, *fa*.

Le second tétracorde *do*, *ré*, *mi*, *fa*, étant semblable au premier de la gamme de *do*, n'a pas besoin d'être vérifié. Examinons le premier : *fa*, *sol*, *la*, *si*. On voit que du troisième au quatrième degré, c'est-à-dire du *la* au *si*, il y a un ton, et il ne faut qu'un demi-ton. Baissons le *si* d'un demi-ton au moyen du bémol, et le tétracorde sera régulier.

On trouverait de la même manière que dans la gamme de *si*♭, il y a deux bémols ; dans *mi*♭ trois, dans *la* ♭ quatre, *ré*♭ cinq, *sol* ♭ six et *do* ♭ sept.

Ces sept gammes bémolisées sont les seules en usage, en raison du nombre des éléments de la gamme qui peuvent être altérés.

Remarquons dans la formation des gammes que, pour les gammes diézées, le deuxième tétracorde de chacune a servi de premier à la suivante, et que la rectification de chaque deuxième tétracorde a nécessité l'adjonction d'un nouveau dièze.

Pour les gammes bémolisées, c'est l'inverse qui a lieu. Le premier tétracorde d'une gamme quelconque de ce dernier ordre a servi de deuxième à la gamme suivante :

Gamme de *do* majeur :

do, ré, mi, fa | *sol, la, si, do.*

Gamme de *fa :*

fa, sol, la, si♭ | *do, ré, mi, fa.*

Gamme de *sol :*

sol, la, si, do | *ré, mi, fa*♯, *sol.*

TABLEAU composé des gammes diézées et bémolisées : l'une des séries commençant à gauche et l'autre à droite.

do	*sol*	*ré*	*la*	*mi*	*si*	*fa*♯	*do*♯	*sol*♯	*ré*♯	*la*♯	*mi*♯	*si*♯
ré𝄫	*la*𝄫	*mi*𝄫	*si*𝄫	*fa*♭	*do*♭	*sol*♭	*ré*♭	*la*♭	*mi*♭	*si*♭	*fa*	*do*

Voir les gammes majeures aux pages 28 et 29.

Gammes mineures.

La véritable gamme mineure serait : *la, si, do, ré, mi, fa, sol, la*, en montant comme en descendant.

A cause de sa dureté, cette gamme a été modifiée par l'introduction de la note sensible, c'est-à-dire du demi-ton de la septième à l'octave.

Cette gamme modifiée a donc une formation toute logique et sert de base aux règles de l'harmonie concernant les tonalités mineures.

L'intervalle du sixième au septième degré constitue une seconde augmentée. La seconde augmentée admise théoriquement est bannie en pratique, surtout dans le chant.

Pour supprimer cet intervalle dissonant, tout en conservant la sensible, on a rapproché le sixième du septième degré en altérant le *fa*. (Voir la gamme de *la* mineur, page 49.)

Il résulte de cette modification, que la deuxième partie de la gamme mineure est tout à fait analogue à un tétracorde majeur, *mi, fa*♯, *sol*♯, *la*, afin d'atténuer cet effet majeur, on est convenu de descendre la gamme comme l'indiquent nos exemples (page 49) établissant ainsi une compensation par excès.

Premières notions de l'harmonie.

Accords majeurs de trois sons.

En réunissant le premier, le troisième et le cinquième degrés d'une gamme majeure, on obtient un accord appelé *accord de trois sons*

Ainsi *do*, *mi*, *sol*, exécutés simultanément forment l'accord de trois sons établi sur le premier degré de la gamme de *do*. Le premier degré s'appelle *note fondamentale* ou *tonique ;* le troisième, *tierce* ou *médiante ;* le cinquième *quinte* ou *dominante*.

Chacun des trois éléments de cet accord peut successivement occuper le dernier rang. Ainsi l'on peut avoir *do*, *mi*, *sol*, ou *mi*, *sol*, *do*, ou *sol*, *do*, *mi*.

On peut aussi doubler l'un ou l'autre de ces éléments ; mais on double de préférence la tonique.

Ex. 1er.

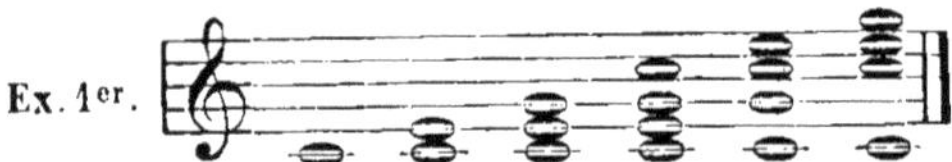

On supprime aussi quelquefois la quinte et plus rarement la tierce.

Ex. 2.

Pour donner de l'extension au système de l'harmonie, on a joint à l'accord du premier degré celui qui est formé sur le cinquième de la même gamme. Dans la tonalité de *do* majeur, c'est l'accord de *sol* qui se combine directement avec l'accord de *do ;* ce choix s'explique facilement quand on se reporte au tableau de parenté de la génération des gammes, page 75.

Ex. 3.

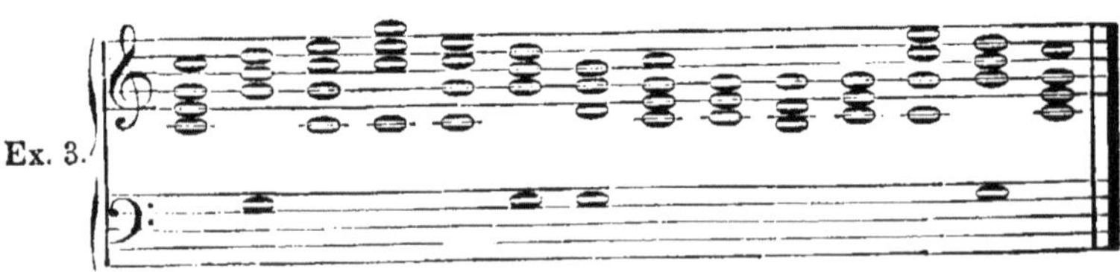

On combine aussi directement avec *do* l'accord formé sur la *quinte* en dessous ou quarte en dessus, c'est-à-dire l'accord de *fa*.

Ex. 4.
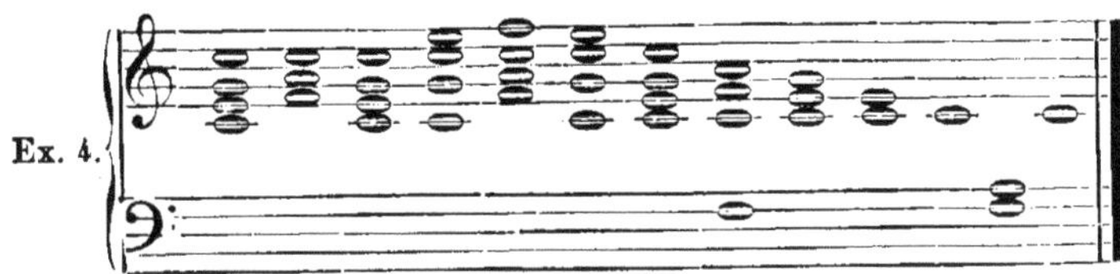

Combinaisons des accords établis sur le premier, le cinquième et le quatrième degré de la gamme majeure, la gamme de do *étant prise pour modèle.*

Ex. 5.

La tonique n'est pas toujours à la basse : l'un des deux autres éléments de l'accord peut occuper le rang inférieur, sans préjudice pour la nature de l'accord.

Ex. 6.

Faire transcrire et chanter à quatre parties les exercices 1, 2, 3, 4, 5 et 6, dans tous les tons majeurs. Lorsqu'il n'y a que trois parties, les basses et les barytons chantent la partie la plus grave.

Accords mineurs de trois sons.

Dans les gammes mineures, on forme également un accord de trois sons sur chaque tonique.

En *la* mineur, cet accord est *la*, *do*, *mi*.

Ex. 7.

Sur le cinquième degré de la gamme mineure, on forme aussi un accord de trois sons dont les éléments sont pris directement dans la gamme. Cet accord s'allie avec celui de tonique. Dans la gamme de *la* mineur, cet accord est *mi*, *sol♯*, *si*.

Sur le quatrième degré de la gamme mineure, on forme encore un accord de trois sons qui se combine également avec l'accord de tonique. En *la* mineur cet accord est *ré*, *fa*, *la*.

Combinaisons des accords établis sur le premier, le cinquième et le quatrième degré de la gamme mineure. La gamme de la *étant prise pour modèle.*

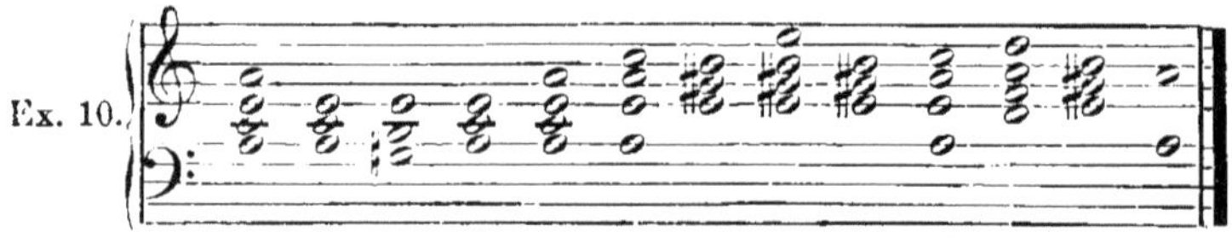

Faire transcrire et chanter à quatre parties les exercices 7, 8, 9 et 10 dans tous les tons mineurs.

Accord de septième dominante dans les tonalités majeures.

En ajoutant à l'accord de trois sons du cinquième degré une tierce prise dans la gamme, on obtient un accord de quatre sons appelé *accord de septième dominante.*

Ainsi l'adjonction d'un *fa* à l'accord *sol*, *si*, *ré*, dans la gamme de *do*, produit l'accord *sol*, *si*, *ré*, *fa*. Cet accord s'appelle *accord de septième*, parce que du *sol* au *fa* il y a une *septième*. On le nomme *dominante*, parce que sa fondamentale *sol* est la quinte ou *dominante* de la gamme de *do*. Cet accord peut se prendre dans diverses positions, et chacun des quatre éléments qui le composent peut occuper la place supérieure. On en supprime aussi quelquefois la *quinte* et même la *tonique* dans un chant à deux voix.

Ex. 11. 

L'accord de *septième dominante* est toujours suivi de l'accord de tonique.

Ex. 12. 

La septième jouit de cette propriété remarquable qu'elle tend toujours à descendre d'un demi-degré (d'un demi-ton) dans la résolution de l'accord de septième sur l'accord de tonique. Ainsi, dans l'exemple ci-dessus, la septième *fa* descend invariablement sur le *mi ;* la tierce *si* monte toujours sur le *do*.

Exercices d'application à quatre parties.

Ex. 13. 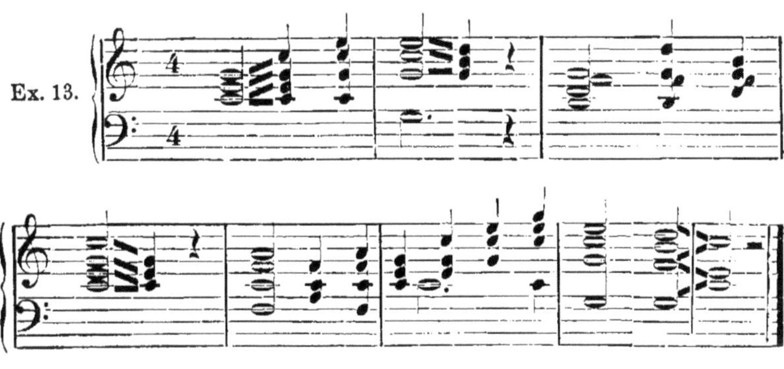

Exercice à trois parties.

Ex. 14. 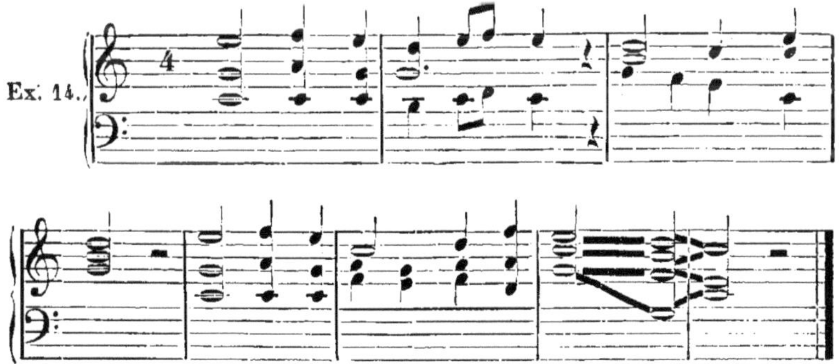

Faire transcrire les exercices 11, 12, 13 et 14 dans tous les tons majeurs, et les faire chanter.

Accord de septième dominante dans les tonalités mineures.

Les mêmes faits se produisent dans les tonalités mineures. Ainsi sur *mi*, quinte de la gamme de *la* mineur, on forme un accord de septième en ajoutant une tierce à l'accord de dominante déjà connu, *mi, sol* ♯, *si*. Cet accord de septième est *mi*, *sol* ♯ *si*, *ré*. Il fait sa résolution sur l'accord de tonique, c'est-à-dire, dans le ton pris pour exemple, sur l'accord de *la* mineur

Exercices d'application.

Faire transcrire les exercices 15, 16 et 17 dans tous les tons mineurs et les faire chanter.

Ces exercices d'harmonie sont très propres à familiariser les élèves avec les tonalités majeures et mineures, et à leur donner une idée exacte de la distribution et de la marche des parties dans un chœur. L'étude de ces exercices conduit rapidement à la bonne exécution des chœurs à plusieurs parties.

EXTRAIT DU CATALOGUE

I. — PUBLICATIONS MUSICALES

LECTURE MUSICALE (Premières Leçons de) et de Transposition; par Louis Cochery, instituteur à Paris, maître de chapelle des Gobelins. 3ᵉ édit. . . . . **1 fr. 50**

Méthode qui permet d'enseigner tout ce qu'il faut savoir pour solfier seul et sans aide, sur toutes les clefs et dans tous les tons.

LECTURE MUSICALE (Abrégé des Premières leçons de), par Louis Cochery. 3ᵉ édition. — Prix . . . . **0 fr. 50**

LES RONDES ENFANTINES, — Poésies dédiées aux jeunes filles, avec la musique des Rondes; par Mˡⁿ Moreau. 3ᵉ éd. — In-16. **1 fr. 50**

LES CHANSONS DE L'ÉCOLIER, — Chants à une ou plusieurs voix, pour les fêtes et récréations littéraires des maisons d'éducation; par Mˡⁿ Moreau. 2ᵉ édit. — In-16 . . . . **1 fr. 50**

RÉCRÉATIONS MUSICALES, — Leçons et Chansons; 30 chœurs à trois voix égales, à l'usage des Ecoles et Institutions des deux sexes; paroles de A. Deshorties, musique d'Eugène Vast.

1. **Pan, pan!** moralité. — 2. **Ange et Démon,** fantaisie. — 3. **La Bavarde,** fantaisie. — 4. **Les Mois,** fantaisie. — 5. **Cocorico!** chœur imitatif. — 6. **Les petits Bergers des Alpes,** fantaisie. — 7. **Hébé,** chœur mythologique. — 8. **Eloge de la Femme,** moralité. — 9. **Le petit Chinois,** fantaisie. — 10. **En avant!** moralité.

11. **Les petites Voix,** prière. — 12. **Les Jeux,** moralité. — 13. **La Récréation,** moralité. — 14. **Dormez!** moralité. — 15. **Les Cloches,** chœur imitatif. — 16. **Le Boléro,** fantaisie. — 17. **A M. Jean de La Fontaine,** boutade. — 18. **Noël rustique,** chœur religieux. — 19. **Jeanne Darc,** chœur historique. — 20. **La Distribution des Prix,** chœur.

21. **Le Rouet,** moralité. — 22. **Jean qui pleure et Jean qui rit,** moralité. — 23. **Musique et Poésie,** chœur mythologique. — 24. **Le Chant du mousse,**

fantaisie. — 25. **Chut, chut!** chœur imitatif. — 26. **L'Enfant malade,** chœur religieux. — 27. **Blonde et Brune,** moralité. — 28. **Le Chien,** boutade. — 29. **Zamba,** chant nègre. — 30. **Tambour battant!** fantaisie.

Chaque chœur se vend séparément, **40** cent. Une dizaine, **3** fr. **50** cent.
La collection des 30 numéros, **10** fr.

Chants patriotiques et historiques, à l'usage des écoles; paroles et musique de M. MONTAGNE.

I. **Le petit Soldat,** destiné aux élèves du Cours élémentaire.
II. **Le jeune Conscrit,** id. Cours moyen.
III. **Les Héros de la République,** destiné aux élèves du Cours supérieur.

Chaque chant, **40** c. — Les 3 chants ensemble, **1** fr.

CHANTS DE JEUNESSE, — Solos et Chœurs, à trois voix égales, avec accompagnement de piano ou d'orgue. — Poésie de M. LALUYÉ, musique de M. ROGAT.

1. Moisson de couronnes. — 2. Le Tournoi. — 3. Ronde des Écoliers. — 4. Chanson de jeunesse. — 5. L'Ange du Travail. — 6. La Ruche. — 7. Le Bouquet. — 8. Les Muses. — 9. Vox Dei. — 10. Prière.

Prix de chaque mélodie, **50** c. — Les dix morceaux ensemble, **4** fr.

CHANSONNETTES ET SCÈNES COMIQUES, à l'usage des Ecoles et des Pensionnats; par Emile GOUGET.

POUR DEMOISELLES :

1. **Mlle Martin-Bâton,** scène comique.
2. **La Dent de lait,** scène comique.
3. **La Somnambule,** sc. de double vue.
4. **Les Refrains des grand'mères,** sc. lyrique et chorégraphique.
5. **Les deux Bergerettes,** saynète.
6. **L'Œil de verre,** scène comique.
7. **Froufrou,** *la petite Chanteuse*, scène lyrique.
8. **Un Baptême de poupée,** scène chorale.
9. **Le petit Ramoneur,** saynète.
10. **Trois bonnes sous le même bonnet,** saynète.

POUR GARÇONS :

1. **L'Avocat des écoliers,** plaidoyer comique.
2. **L'Abondance,** chanson bachique.
3. **Toto conférencier,** voyage dans un pupitre.
4. **Le Choix d'un état,** boutade.
5. **Croquignole,** lamentation d'un patronnet.
6. **Un Paquet de plumes,** projet en l'air.
7. **A bas la Grammaire!** rodomontade.
8. **Les deux Paillasses,** parade.
9. **Blancbec et Noiraud,** querelle entre meunier et charbonnier.
10. **Un Duel au tableau noir,** examen burlesque.

Chaque numéro, **50** c.— Dix numéros ensemble, **4** fr.
L'accompagnement pour piano de chaque numéro, **1** fr.

Les Chœurs, Chants et Chansonnettes ne sont jamais remis à condition.

LE LIVRE D'ORGUE du Paroissien romain, contenant l'accompagnement des Messes, Vêpres, Complies, Saluts, Proses, Hymnes, Antiennes des dimanches et fêtes de l'année; par **Félix** CLÉMENT, Maître de chapelle du lycée Louis-le-Grand, Commandeur de l'ordre de Saint-Grégoire-le-Grand. — Un fort vol. gr. in-4° jésus. — Prix, relié demi-basane : **15** fr. — Broché. . . . . **12 fr.**

Avec ce *Livre d'orgue*, les ecclésiastiques, les religieuses, les personnes du monde, les instituteurs, pourvu qu'ils possèdent la lecture musicale et les principes élémentaires du piano, peuvent accompagner les offices sur le clavier d'un orgue à tuyaux ou d'un harmonium.

La version du chant romain adoptée pour ce *Livre d'orgue* est celle du chant traditionnel romano-français, le plus répandu dans le monde catholique. Les chants des divers diocèses offrent d'ailleurs un fonds identique auquel s'adaptent parfaitement les accompagnements du *Livre d'orgue.*

Messe à trois voix égales, dédiée aux Ecoles primaires; par COCHERY. . . . . 1 fr.

La Poupée, Berceuse pour piano; poésie de BARRILLOT, musique de Mlle J. DELDUC. . . . . 1 fr.

Don Juan, Opéra en deux actes de MOZART, paroles de DA PONTE, traduction nouvelle de J. DARCEY. — In-4°. . . . . 6 fr.

COMPOSITIONS MUSICALES DE C.-L. HANON

1° Accompagnement du Plain-Chant sur l'Orgue et sur l'Harmonium. — Système nouveau pour apprendre, EN 6 LEÇONS, à accompagner tout PLAIN-CHANT à première vue, sans savoir la musique et sans le secours d'aucun maître; *ouvrage approuvé par le Ministre de l'Instruction publique pour toutes les Écoles normales de France,* où l'étude de l'orgue est maintenant exigée. 24e édit. — Prix net.. . . . . 7 fr.

Supplément à la Méthode. Ce Supplément donne le moyen de transposer avec facilité le plain-chant, selon les dominantes les plus usitées. (Il forme la suite indispensable de la Méthode.) — Prix net, 1 fr.

2° Leçons élémentaires d'Harmonie, pour la théorie de la méthode *Système nouveau.* 6e édit. — Prix net. . . . . 4 fr.

3° Étude complète de l'Orgue, mise à la portée de tout le monde, formant une collection graduée de *dix-huit* livraisons, pour faire suite au *Système nouveau.*

Chacune de ces livraisons renferme, avec un exercice destiné à faciliter l'indépendance des doigts, un *Offertoire,* une *Élévation,* une *Communion,* une *Sortie* ou une *Entrée,* plusieurs *Versets* pour l'office, et la Règle des modulations pour passer d'un ton dans un autre. Voici le caractère de chaque livraison :

- 1re, **élémentaire.**
- 2e, **progressive.**
- 3e, **brillante.**
- 4e, **sérieuse.**
- 5e, 6e, **caractéristiques.**
- 7e, 8e, **brillantes, à grand effet.**
- 9e, **à grand effet,** avec **18 versets** pour passer dans les **12 tons** majeurs.
- 10e, **à grand effet,** p. réception d'orgue et grandes fêtes.
- 11e, **Noëls les plus célèbres.**
- 12e, **brillante, à grand effet,** pour les fêtes solennelles.
- 13e, **Trois Magnificat en 39 versets.**
- 14e, **Trois Magnificat solennels en 36 versets.**
- 15e, **Bethléem,** pastorale.
- 16e, **Sainte Marie-Madeleine,** Souvenirs de Jérusalem.
- 17e, **Le Jugement dernier,** grand offertoire pour réception d'orgue.
- 18e, **Sept hymnes à 3 voix,** avec accompagnement.

Chaque livraison : **2 fr.,** excepté la 15e (Bethléem), qui est de **2 fr. 50 c.**

4° 50 Cantiques populaires, transcrits en notes de plain-chant, pour Orgue ou Harmonium, avec accompagnement. — Prix net. **2 fr.**

Dès qu'on sait la 1re leçon de la méthode *Système nouveau*, on accompagne, sans aucune étude, les 15 premiers de ces cantiques.

5° Methode élémentaire de Piano, pour servir d'introduction au *Pianiste virtuose*. 1 vol. de 68 pages grand format. 2e édition. **4 fr.**

L'auteur explique graduellement à l'élève les principes de musique, en lui donnant la théorie de tout ce qu'il exécute, et, afin de la lui présenter sous une forme aussi attrayante que possible, il en fait toujours l'application dans un morceau qui arrive immédiatement après cette explication.

6° Le Pianiste virtuose, en 60 Exercices, calculés pour obtenir l'agilité, l'indépendance, la force et la plus parfaite égalité des doigts, ainsi que la souplesse des poignets. 10e édition. — Prix. . . . . . **6 fr.**

Ces exercices, destinés à tous les élèves pianistes, peuvent être joués entièrement en une heure. Leur exécution répétée donne en peu de temps un jeu net, franc et perlé, qui est le secret des artistes distingués.

7° Étude complète du Piano, 31 morceaux formant 4 collections :

PREMIÈRE COLLECTION, *FACILE*

1. **L'Aurore**	1 fr.	»	7. **Résignation**	1 fr.	»
2. **Les petites Glaneuses**	1	»	8. **Doux espoir**	1	»
3. **Le Vallon**	1	35	9. **Méditation**	1	35
4. **Un Jour de fête**	1	»	10. **Le Château de mon père**	1	»
5. **Absence et Retour**	1	35	11. **Les Adieux**	1	70
6. **Ronde dans les bois**	1	»	12. **Les Vacances**	1	35

DEUXIÈME COLLECTION, *BRILLANTE*

13. **Frère Jacques,** Canon à 2 ou à 4 mains, à volonté (pouvant être exécuté sur l'*orgue* ou l'*harmonium* aussi bien que sur le *piano*)...... 1 fr. 70
14. **Le Bourriquet de la mère Grégoire,** Rondo........ 2 »
15. **You you,** Pastorale........ 2 »
16. **Souvenirs de Suisse,** Fantaisie........ 2 »
17. **Les Montagnes de la Savoie,** 3e édition........ 2 »
18. **Souvenirs de la Bretagne,** Fantaisie sur des airs populaires........ 2 50
19. **Un rêve de bonheur,** Caprice. (Ce morceau produit l'effet le plus grandiose). Deuxième édition........ 2 »

TROISIÈME COLLECTION, *MORCEAUX DE SALON*

Six fantaisies sur les plus beaux motifs de Bellini et de Rossini :

20. **Casta diva** (*Norma*, de Bellini)........ 1 fr. 70
21. **Padre, tu piangi** (*Norma*, de Bellini)........ 2 »
22. **Norma** (de Bellini)........ 2 »
23. **Ah! non crede a mirarti** (*Somnambule*, de Bellini)........ 2 »
24. **Vi ravviso**........(— —)........ 2 »
25. **Una voce** (*Barbier de Séville*, de Rossini)........ 2 »

QUATRIÈME COLLECTION, *MORCEAUX DE CONCERT*

26. **Marche funèbre** . . . . 2 fr. »
27. **Stella napolitana,** Tarentelle, caprice de genre 2 50
28. **Joie de mon cœur,** Morceau brillant 2 50
29. **Ytou ytaine,** Rondo-Chasse . . . . 3 »
30. **L'Exilée,** Méditation . . . . 2 »
31. **Le petit Navire,** Poésie musicale (Histoire). 2e édition 2 50

On rencontre généralement dans ces morceaux toutes les difficultés du mécanisme. Le doigté y est toujours marqué avec le plus grand soin.

8° Extrait des Chefs-d'œuvre des Grands Maîtres, pour Piano, Orgue ou Harmonium. — 1 vol. de 112 pages grand format, faisant suite à l'*Etude de l'orgue* . . . . 10 fr.

Cet ouvrage donne, avec leurs développements, les parties les plus intéressantes et les plus faciles de chefs-d'œuvre qui n'étaient jusqu'ici abordables que par des artistes.

II. — POÉSIE, THÉATRE

La Corbeille de l'écolier, nouveaux Compliments en prose et en vers, pour Fêtes, Cérémonies, Jour de l'an, etc. 5e édit. . . . . 50 c.

Les Vierges du foyer, légendes poétiques et morales, couronnées par l'Académie; par Barrillot. — Beau vol. in-8°, relié en percaline gaufrée, tranche jaspée, 5 fr.; — broché. . . . . 4 fr.

LA VOIX DES FLEURS, comprenant : l'origine des emblèmes donnés aux plantes, les souvenirs et les légendes qui y sont attachés, les proverbes auxquels elles ont donné lieu, les vers qu'elles ont inspirés aux poètes; enfin des pensées morales des plus grands écrivains sur les vertus ou sur les vices qu'elles représentent; par Mlle Clarisse Juranville. 3e édition. — Joli vol. in-18 jésus, relié en percaline, titre doré, 3 fr.; — broché . . . . 2 fr.

Pour traiter convenablement ce sujet, il fallait joindre à un esprit fin et délicat le tact et l'expérience d'une institutrice, les sentiments pieux et élevés d'une chrétienne, et l'auteur possède, à un haut degré, toutes ces qualités; aussi la Voix des Fleurs est-elle devenue le volume préféré des jeunes personnes, leur ami indispensable.

MONOLOGUES ET DIALOGUES

POUR FÊTES ET DISTRIBUTIONS DE PRIX

Pour jeunes gens :

1. **Le Fusil scolaire,**.... monologue.
2. **Le Clairon,** .... —
3. **La Caisse,**........... —
4. **Le Physicien,** .... —
5. **La Chimie,**.......... —
6. **Les Disputes,** .... —
7. **L'Orthographe,**...... —
8. **L'École au bilboquet,** dialogue.
9. **L'Avocat des ânes,**.. —
10. **Res non verba,**...... —

Pour jeunes filles :

1. **Présentation de la poupée,**............ monologue.
2. **Si j'étais Mademoiselle,**.............. —
3. **Aurai-je un prix?**.... —
4. **Croquemitaine,** ..... —
5. **La Robe de tous les jours,**............. —
6. **Une Question grave,**. —
7. **Le bonhomme Misère** —
8. **La Rose,**............ —
9. **Quinze ans**,......... —
10. **Les Proverbes,**...... dialogue.

Chaque numéro, **25** c. ; — chaque dizaine. . . . . **2 fr.**

NOUVEAU THÉATRE D'ÉDUCATION

1er volume. (8 pièces en 1 acte, pour demoiselles.)

1. **Les Ricochets** (*), comédie imitée de Picard. — 2. **Une Place à la cour** (*), comédie-vaudeville. — 3. **Les Demoiselles d'honneur** (*), ou *le Lutin du soir.* — 4. **Le Chat parti, les Souris dansent,** proverbe. — 5. **Marguerite** (*), ou *la Robe perdue,* moralité. — 6. **Un Rêve** (*), petit drame avec prologue et épilogue. — 7. **Le Dindon de Nicole** (*), ou *les Sœurs de lait.* — 8. **Les Demoiselles de Saint-Cyr** (*), drame moral.

2e volume. (8 pièces en 1 acte, pour jeunes gens.)

1. **Le Sourd** (*), ou *l'Auberge pleine,* comédie. — 2. **La Tour de Babel** (*), ou *Deux Oncles charmants,* folie-vaudeville. — 3. **Le Roi boit** (*), épisode de la vie de Charles XII. — 4. **Grandeur et décadence de Frisaminthe,** (*), ou *le Billet de loterie.* — 5. **Lavenette** (*), ou *la Conspiration des poudres.* — 6. **Le Revers de la Médaille** (*), ou *Dieu fait bien ce qu'il fait.* — 7. **Taquinet** (*), ou *le Panier de figues.* — 8. **Guillery le Tambour,** comédie-vaudeville.

3e volume. (8 pièces et dialogues en 1 acte, à l'usage des deux sexes.)

1. **Arlequin**, pièce à tiroirs pour jeunes gens. — 2. **Arlequin,** pièce à tiroirs pour demoiselles. — 3. **Dialogue sur la Mythologie.** — 4. **Dialogue sur les Oiseaux.** — 5. **La Leçon de Botanique.** — 6. **Dialogue sur le Système métrique.** — 7. **Dialogue sur la France.** — 8. **Le Palais du Travail,** ou *les Fées laborieuses,* dialogue.

4e volume. (4 pièces en 2 et 3 actes, pour jeunes gens.)

1. **Les Héritiers de M. de Crac,** comédie en deux actes. — 2. **Sabre de bois** (*), épisode des guerres d'Algérie, en deux actes. — 3. **Les Deux Pigeons** (*), ou *la Manie des Voyages*, comédie en trois actes. — 4. **Le Sansonnet de Sylvio** (*), arlequinade en trois actes.

5e volume. (4 pièces en 2 et 3 actes, pour demoiselles.)

1. **Les Sabots de Noël** (*), pièce en deux actes. — 2. **Le Rosier** (*), comédie en trois actes. — 3. **Le Laquais de Madame** (*), comédie en trois actes. — 4. **Angéline** (*), ou *Voyage aux royaumes de la Parure, de la Gourmandise et du Travail,* moralité-féerie en trois actes.

6e volume. (5 pièces variées, pour jeunes gens.)

1. **L'Horloge** (*), ou *Égoïsme et Dévouement,* vaudeville en un acte. — 2. **Le Capitaine Talmont** (*), vaudeville en deux actes. — 3. **La Malédiction.** drame en deux actes. — 4. **Ni trop haut ni trop bas** (*), vaudeville en deux actes. — 5. **Un Favori de Merlin** (*), divertissement féerique en trois actes.

7e volume. (10 pièces en 1 acte, pour petites filles.)

1. **La Fée Rieuse,** à 2 personnages. — 2. **La Veillée de Noël,** 2 pers. — 3. **Les Bonnets de coton,** 3 pers. — 4. **Les Fantaisies de Cyprienne,** 3 pers. — 5. **La Fée Bulle-d'Air,** 3 pers. — 6. **La Reine des dindons,** 3 pers. — 7. **La Pie gourmande,** 4 pers. — 8. **La Souricière,** 4 pers. — 9. **Le plumage ne fait pas l'oiseau,** 5 pers. — 10. **La Royauté de Laurentine,** 5 pers.

8e volume. (10 pièces en 1 acte, pour jeunes garçons.)

1. **Le Déserteur,** 2 pers. — 2. **Le Pipeur et le Collectionneur,** 2 pers. — 3. **Science et Patriotisme,** 2 pers. — 4. **Son de cloche, voix de Dieu,** 3 pers. — 5. **Bonté et Dévouement,** 4 pers. — 6. **Les Bouquins et les Frites,** 4 pers. — 7. **Esprit ouvert, cœur fermé,** 4 pers. — 8. **Le Hâbleur,** 4 pers. — 9. **Les Martin, pêcheurs,** 4 pers. — 10. **Une Répétition sous bois,** 4 pers.

9e volume. (6 pièces variées, pour jeunes filles.)

1. **Dévouement filial,** comédie en un acte. — 2. **Les Idées de Rosalie,** comédie en deux actes. — 3. **Les petites Merveilleuses** (*), comédie en deux actes. — 4. **Le Secret d'Yvonne** (*), comédie en deux actes. — 5. **Les Espiègleries de Godiche,** comédie en deux actes. — 6. **Les trois Dons de la Fée Giselle** (*), comédie en trois actes.

10e volume. (5 pièces variées, pour jeunes gens.)

1. **L'Avocat Patelin,** farce en un acte. — 2. **La Vocation forcée,** comédie en un acte. — 3. **Salsifis,** ou *les Inconvénients de la grandeur,* farce en deux actes. — 4. **Le Médecin malgré lui,** comédie en trois actes. — 5. **Les Francs-tireurs de Strasbourg** (*), scène militaire en trois actes.

Prix de chaque volume. . . . . 3 fr.

Toutes les pièces de ce Nouveau Théâtre d'Education *se vendent séparément, comme suit :*

Les pièces en un acte, **50** c. ; — en deux actes, **75** c. ; — en trois actes. . . . . **1** fr.

Les pièces marquées d'un (*) ont des couplets dont la musique se vend à part, **1** fr.

Nouvelle série de Pièces et Dialogues

POUR JEUNES GENS :

1. **Le Dîner de Pantalon**, ou *le Plat d'oreilles*, bouffonnerie en un acte, couplets, musique adhérente au texte .... 2 fr

2. **Les Quatre Prunes**, grande parade à deux personnages, avec deux airs notés .... 1 f

POUR DEMOISELLES :

3. **La Mort de César** (nom de chien), comédie en un acte, avec couplets, musique adhérente au texte .... 2 f.

POUR LES DEUX SEXES :

4. **Les Étrennes de Colombine**, saynète enfantine à quatre personnages : Pierrot, Polichinelle, Arlequin et Colombine........................ 50 c

5. **Le petit Pifferaro**, comédie enfantine à trois personnages (deux sœurs et un frère).. 50 c

Comédies de salon :

6. **Chez le notaire**, saynète à deux personnages (une dame et un jeune homme) brochure in-16.. 75 c

7. **Une Partie de chasse**, comédie à quatre personnages (jeune dame et trois messieurs).. 75 c

8. **Pour oublier la marquise**, comédie en un acte (quatre rôles, dont deux féminins) .... 75 c

N. B. — *Aucune pièce de théâtre n'est remise à condition ni échangée.*

Paris.— Imp. Ve P. Larousse et Cie, 19, r. Montparnasse.

www.ingramcontent.com/pod-product-compliance
Ingram Content Group UK Ltd.
Pitfield, Milton Keynes, MK11 3LW, UK
UKHW021821190726
13853UKWH00003B/1115

9 782329 585901